Die Bio-Macher

Die Bio-Macher

WAS BEWUSSTE GENIESSER WISSEN SOLLTEN

PRODUKTE – UNTERNEHMEN – HANDEL

Von Silvia Liebermann,

Georg Etscheit und

Franz-Theo Gottwald

HERAUSGEGEBEN VON DER

SCHWEISFURTH-STIFTUNG

KNESEBECK

Handel

Institutionelle Treiber

Anhang

PROF. DR. FRANZ-THEO GOTTWALD
FÜR DIE HERAUSGEBERIN SCHWEISFURTH-STIFTUNG, MÜNCHEN.

Editorial

Was ist notwendig, damit wir Essen und Trinken mit gutem Gewissen genießen können? Das ist die zentrale Frage, der sich Erzeuger, Verarbeiter und Vermarkter von Lebensmitteln und Getränken stellen müssen. Die Schweisfurth-Stiftung versucht diese Frage seit dem Jahr 2006 in ihrer Vortragsreihe »Gelebtes Ethos« zu beantworten. Zusammen mit dem Ethikverband der deutschen Wirtschaft und modem conclusa public relations hat sie dazu Leitfiguren, Firmengründer und Geschäftsführer aus diesem Bereich nach München eingeladen, damit sie in Vortrag und Diskussion Rede und Antwort für das stehen, was sie als Vorreiter für »Gelebtes Ethos« tun.

Die Hipp-Werke, die Frosta AG, die Private Weissbierbrauerei G. Schneider & Sohn, die Teutoburger Ölmühle oder die Großschlachterei Thönes, um nur einige zu nennen, sind der Einladung gefolgt. Gemeinsam mit der Redaktion von *natur+kosmos* hat die Stiftung weitere Geschichten und Hintergründe zu Firmen und Personen zusammengetragen, die beispielhaft für ein Umdenken in der Lebensmittelbranche stehen und die Verantwortung für das »Leben« ganzheitlich wahrnehmen. Eine Kooperation, die sich geradezu aufgedrängt hat. Denn das Magazin *natur+kosmos* stellt ebenfalls seit 2006 Monat für Monat unter dem Etikett »Projekt Zukunft« ein herausragendes, nachhaltiges Projekt vor – auch mit besonderem Blick auf das Thema Lebensmittel.

Aus der Arbeit der Schweisfurth-Stiftung und der Erfahrung von *natur+kosmos* ist das Buch *Die Bio-Macher* entstanden. Hier finden Sie die wichtigsten Persönlichkeiten, die erfolgreichsten Manager auf einen Blick. Hier können Sie nachlesen, was ökonomische, ökologische und soziale Erfolgsgeschichten ausmachen.

Die Schweisfurth-Stiftung als Herausgeberin bedankt sich für die gute Zusammenarbeit mit der Redaktion von *natur+kosmos* und besonders bei Herrn Dr. Horst Hamm, dem stellvertretenden Chefredakteur. Die redaktionelle Leitung, die Koordination mit den Autoren und dem Knesebeck Verlag und die Endredaktion der Texte lagen in seinen Händen. Er hat darüber hinaus mit Georg Etscheit und Silvia Liebermann zwei Journalisten ins Team geholt, die die großartigen Leistungen der hier beschriebenen Unternehmen ansprechend dargestellt haben. Damit kein Missverständnis aufkommt: Keines der Unternehmen hat für diese Reportagen bezahlt. Die Entstehung des Buches ist ausschließlich von der Schweisfurth-Stiftung gefördert worden.

Ein weiterer Dank geht an Frau Dr. Maria Platte vom Knesebeck Verlag. Ohne ihre sorgfältige und weitsichtige Mitgestaltung wäre dieses illustrierte Sachbuch nicht entstanden.

Alle Mitwirkenden an dem Projekt sind sich einig: Die Zukunft der Lebensmittelwirtschaft wird ethisch sein – oder sie wird nicht mehr sein! In diesem Sinne – viel Vergnügen beim Lesen der *Bio-Macher*.

Die Schweisfurth-Stiftung

Karl Ludwig Schweisfurth hatte als Unternehmer wesentlichen Anteil an der Industrialisierung und Globalisierung der Fleischwarenwirtschaft. Er wirkte Jahrzehnte in einer Branche mit, die durch Automatisierung, Spezialisierung und Konzentration zur Profitmaximierung gekennzeichnet ist. Bis er sich klar wurde, dass dieser Weg keine Zukunft hat. Er verkaufte Herta, seinerzeit Europas größte Wurstfabrik, begann mit dem Aufbau der Herrmannsdorfer Landwerkstätten und gründete 1985 die Schweisfurth-Stiftung. Seither fördert die Stiftung Wege in eine lebenswerte Zukunft. Nachhaltigkeit im Umgang mit der Natur bestimmt dabei ebenso maßgeblich die Stiftungspolitik wie die kreative Gestaltung kultureller Zusammenhänge. Daher fühlt sich die Schweisfurth-Stiftung Vordenkern der Zukunft ebenso verpflichtet wie Praktikern und Kunstschaffenden aus den Bereichen Ernährung, Gesundheit, Landwirtschaft, Tierzucht, Bildung und Erziehung. Wesentliches Leitmotiv für die Stiftungsarbeit ist seit 2005 das »Gute Wirtschaften im Ernährungssektor« mit folgenden Schwerpunkten: Es gilt, die Lebensbedingungen der Nutztiere zu verbessern; das Lebensmittelhandwerk und die Qualität von Lebensmitteln zu erhalten und zu entwickeln; die Frage zu klären, wie ländliche Räume sich in Zukunft entwickeln werden und welche Rolle die Landwirtschaft dabei spielt. Auf die soziale Dimension nachhaltiger Entwicklung in der Ernährungswirtschaft legt die Schweisfurth-Stiftung bei der Gestaltung von Projekten in Zukunft ein größeres Gewicht. Sie will damit zeigen, was gutes Wirtschaften letztlich heißt. Infos zur Stiftung unter *www.schweisfurth-stiftung.de*

Gelebte Verantwortung

GUTES WIRTSCHAFTEN

RUND UM

ESSEN UND TRINKEN

Weltmarkt Lebensmittel – global und lokal

VON FRANZ-THEO GOTTWALD UND ANDREA KLEPSCH

Geschmacksverstärker, Aromastoffe, Allergene in immer neuer Zahl. Pestizidbelastete Paprika, Gammelfleisch und andere Skandale. Die Verbraucher sind verunsichert, Verbraucherorganisationen haben Hochkonjunktur. Internetplattformen zu vertrauenswürdigen Herstellern und Vermarktern nehmen zu: www.utopia.de, www.newethics.de, www.gruenkauf.de – um nur einige zu nennen.

Klar ist, dass Lebensmittel Vertrauensgüter sind. Ihre Qualität zu beurteilen, ist komplex und vom normalen Käufer kaum zu überprüfen. Wie aber und insbesondere wem soll der Kunde vertrauen, wenn in der hochzentralisierten, globalisierten Lebensmittelwirtschaft so viele Zwischenstufen liegen, wie beispielsweise bei konventionell erzeugtem Schweinefleisch: Das Futter, mit dem die Tiere gemästet werden, stammt aus Amerika, Afrika und Asien. Es wird aus pflanzlichen Stoffen, Fisch- und Tierresten gewonnen und mit Antibiotika und Wachstumsförderern versetzt. Weil Ferkel ein anderes Futter bekommen als Sauen, ist es billiger, die Tiere von Mäster zu Mäster weiterzureichen, anstatt dem jeweiligen Wachstumsstadium entsprechend das Futter zu verändern. Sämtliche Stufen der Verarbeitung – von der Ferkelmast über die Sauenhaltung bis zum Schlachten, Zerlegen und zur Weiterverarbeitung – sind durch geringen Personalaufwand, dafür aber durch technisierte Abläufe, Automatisierung, hohe Gesundheits-, Transport- und Energiekosten gekennzeichnet.

Auf allen Stufen der Herstellung, Verarbeitung und Vermarktung haben sich spezialisierte Firmen gebildet. Die deutsche Fleischwirtschaft hat mit dem QS-System ein Qualitätskontrollverfahren entwickelt, das auf allen Ebenen für Verbraucherschutz und Lebensmittelsicherheit sorgen soll (siehe dazu Kapitel 4). Was weder an den industriellen Haltungsbedingungen etwas ändert noch die Herkunft der Futtermittel oder den Einsatz von Tiermedikamenten in Frage stellt. Das alles ist gesetzeskonform, jedoch unter Tier- und Umweltschutzbedingungen höchst fragwürdig. Das ganze System flößt nicht gerade Vertrauen ein.

Kein Wunder also, dass sich neben den konventionellen Lebensmitteln mit der so genannten Bio-Lebensmittelwirtschaft ein zweites Erzeugungssystem entwickelt hat. Die Bio-Wirtschaft setzt in ihrem Ursprung auf Nähe, lokales Vertrautsein mit bäuerlichen Erzeugern, handwerklichen Verarbeitern und mittelständischen Vermarktern. Sie hat sich den vier Prinzipien der Internationalen Vereinigung für Ökologischen Landbau (International Federation of Organic Agriculture Movements, IFOAM) verpflichtet:

Das Prinzip der Gesundheit:

Ökologische Landwirtschaft soll die Gesundheit von Böden, Pflanzen, Tieren, Menschen und des ganzen Planeten als untrennbare Einheit aufrechterhalten und verbessern. Dieses Prinzip verweist darauf, dass die Gesundheit von Personen und Gemeinschaften nicht getrennt von der Gesundheit der Ökosysteme betrachtet werden kann: Gesunde Böden produzieren gesunde Ernten, die die Gesundheit von Tieren und Menschen fördern. Gesundheit wird dabei als die Ganzheit und Integrität von lebenden Systemen verstanden. Sie ist nicht einfach die Abwesenheit von Krankheit, sondern versteht sich als physisches, geistiges, soziales und ökologisches Wohl. Immunität, Widerstandsfähigkeit und Regeneration sind Schlüsselmerkmale von Gesundheit.

Das Prinzip der Ökologie:

Ökologische Landwirtschaft soll auf lebendigen ökologischen Systemen und Zyklen basieren, mit ihnen arbeiten, ihnen nacheifern und helfen, sie aufrechtzuerhalten. Dieses Prinzip sieht die ökologische Landwirtschaft innerhalb der lebenden ökologischen Systeme verwurzelt. Lebensmittel herzustellen, basiert auf ökologischen Prozessen und hat die Wiederverwertung aller Stoffe zum Ziel. Nährwert und Wohlbefinden werden durch die Ökologie der jeweils spezifischen Umgebung erreicht. Bei Getreide oder Kohl ist dies zum Beispiel der lebende Boden; bei Tieren das Ökosystem des Bauernhofes; bei Fischen und Meeresorganismen die aquatische Umwelt. Ökologische Landwirtschaft, Nutztierhaltung und Wild-Sammlungen sollen sich den Zyklen und dem ökologischen Gleichgewicht der Natur anpassen. Diese Zyklen sind universell, aber ihre Funktionsweise ist standortspezifisch. Das ökologische Management muss an lokale Bedingungen, Ökosysteme und Kultur angepasst werden.

Hohe Priorität: Mit einem Anteil von 22 Prozent ist Getreide die wichtigste Feldfrucht im Biolandbau.

Bio-Tomaten aus der Türkei: Weil der Öko-Anbau in Deutschland stagniert, werden viele Bio-Produkte im Ausland produziert.

Durch Wiederverwendung, Wiederverwertung und effektives Material- und Energiemanagement sollen Auswirkungen auf die Umwelt verringert werden, um ihre Beschaffenheit zu bewahren und zu verbessern und um Ressourcen zu schonen.

Das Prinzip der Gerechtigkeit:
Ökologische Landwirtschaft soll auf Beziehungen aufgebaut sein, die Gerechtigkeit sicherstellen, wobei gemeinsame Umweltbedingungen und Lebenschancen berücksichtigt werden sollen. Gerechtigkeit wird charakterisiert durch Gleichheit, Achtung, Rechtmäßigkeit und Verantwortlichkeit gegenüber einer von allen geteilten Welt – sowohl unter den Menschen als auch in deren Beziehungen zu anderen Lebewesen. Dieses Prinzip beruht darauf, dass Tieren die Bedingungen und Möglichkeiten zum Leben geboten werden, die ihrer Physiologie und ihrem natürlichen Verhalten entsprechen und zu ihrem Wohlbefinden beitragen. Rohstoffquellen und Umweltressourcen, die für Produktion und Konsum verwendet werden, sollen auf eine Weise verwaltet werden, die gesellschaftlich und ökologisch gerecht ist. Zudem sollen sie

für zukünftige Generationen erhalten werden. Das Prinzip Gerechtigkeit erfordert Produktions-, Verteilungs- und Handelssysteme, die durchschaubar und auf ein gleichberechtigtes Miteinander angelegt sind und die ihre tatsächlichen Umwelt- und Sozialkosten berücksichtigen.

Das Prinzip der Fürsorge:
Ökologische Landwirtschaft soll auf eine vorbeugende und verantwortungsvolle Art betrieben werden, um die Gesundheit und das Wohlbefinden der gegenwärtigen und zukünftigen Generationen sowie die Umwelt zu schützen. Dieses Prinzip legt fest, dass Vorsicht und Verantwortung die Hauptanliegen in Management, Entwicklung und der Wahl von Technologien in der ökologischen Landwirtschaft sind. Die Erforschung unterschiedlicher Fragestellungen ist notwendig, um zu gewährleisten, dass ökologische Landwirtschaft gesund, sicher und ökologisch verträglich ist. Wissenschaftliche Kenntnisse alleine genügen jedoch nicht. Praktische Erfahrung, gesammeltes sowie traditionelles Wissen bieten gleichermaßen gangbare Lösungen an. Ökologische Landwirtschaft soll durch die Übernahme von angemessenen Techniken Risiken vorbeugen und unkalkulierbare Verfahren wie etwa Genmanipulationen ausschließen. Alle Entscheidungen sollen dadurch gekennzeichnet sein, dass sie transparent sind und Betroffene teilhaben können. Das bedeutet, dass deren Werte und Bedürfnisse mitreflektiert werden. Näheres zu diesen Prinzipien unter *http://www.ifoam.org/germanversion/ifoam/prinzipien_des_oekolandbaus.html*

Lebensmittel – ein moralischer Markt

Bio-Lebensmittel sind durch die öffentliche Diskussion über Fairness, Nachhaltigkeit, Generationengerechtigkeit, Klimaschutz, Gesundheit und regionale Ernährungssicherung geradezu moralische Güter geworden und beinhalten eine klare Botschaft: Sie schützen Pflanze, Tier und Mensch. Moralisch Fragwürdiges wie der Einsatz von potenziell gefährlichen Chemikalien, von Mastmitteln, von gentechnisch hergestellten oder nanoskalierten Hilfs- oder Zusatzstoffen wird nicht verwendet.

Der Einfluss der Bio-Wirtschaft auf die konventionelle Lebensmittelindustrie ist seit kurzem spürbar. Große Herstellerfirmen wie Dr. Oetker zum Beispiel entwickeln Bio-Produkte, um am wirtschaftlichen Erfolg der Bio-Branche teilzuhaben. Große Handelsketten wie Edeka oder Rewe bauen neue Bio-Sortimente auf. Derzeit schlägt deshalb das Pendel zwischen global und lokal wieder mehr in Richtung lokal aus. Der Wettbewerb verändert sich. Konventionelle Firmen greifen moralische Themen auf. So erweitern praktisch alle Discounter seit ein, zwei Jahren kontinuierlich ihr Bio-Sortiment. Penny und Lidl werben mittlerweile sogar mit fair gehandelten Produkten.

Der Lebensmittelmarkt wird zunehmend zu einem moralischen Markt: »Erwarb früher eine eng umschriebene Klientel die Bio-Hirse noch in kleinen Alternativläden, so ist sie heute in jedem Supermarkt zu haben«, schreiben der Wirtschaftssoziologe Nico Stehr und der Kommunikationswissenschaftler Marian Adolf von der Universität Friedrichshafen. »Waren es vor wenigen Jahren noch versteckte Dritte-Welt-Läden, kleine Verkaufsstände und winzige Bio-Läden, in denen biologisch angebaute Hirse und unbehandelter Joghurt ein Nischendasein fristeten, so hat sich die Situation in kurzer Zeit drastisch gewandelt. Heute haben ökologische und fair gehandelte Produkte eine Millionenklientel und dreistellige Wachstumsraten. Diese Entwicklung betrifft nicht nur Lebensmittel, auch viele andere Waren besitzen sowohl in der Rohstoffzusammensetzung als auch in den Produktionsabläufen zunehmend moralische Qualitäten. Das Marktvolumen dieser Produkte und Dienstleistungen steigt nachhaltig und rapide.

Eine neue Größe zur Beurteilung von Waren und Dienstleistungen greift seit einiger Zeit um sich: die Moral. Neu an dieser ethischen Handlungsmaxime sind ihr Umfang, ihre Vehemenz, ihre unmittelbare Umsetzbarkeit qua Konsum sowie die wachsende Globalisierung dieser Werte, Standards und Regularien. Heute genügt es nicht mehr, das Markthandeln eines Unternehmens mit altruistischen Zusatzveranstaltungen oder Mäzenatentum zu ergänzen – zum Total Quality Management gesellt sich die Sustainability-Abteilung; Corporate Social Responsibility – möglichst auf Führungsebene – gehört zum guten Ton. Die Bemühungen der Unternehmen, neben preislicher und qualitativer Marktfähigkeit auch ethischen Maximen gerecht zu werden, entspringen allerdings nicht allein intrinsischer Motivation. Es sind veränderte Ansprüche der Konsumenten, der Märkte insgesamt, die sie zum Handeln zwingen. Die in der Folge vorgebrachte These einer Moralisierung der Märkte ist weit mehr als eine kurzfristige Reaktion auf eine mediale Mode. Sie verweist auf eine neue Stufe in der Entwicklung des kapitalistischen Wirtschaftssystems, insbesondere aber der Machtverhältnisse in den Märkten.«

Was ist »gutes Wirtschaften«?

Nico Stehr und Marian Adolf haben es angesprochen. Es geht um ganzheitliche Unternehmensverantwortung, die die Kunden von ihrem Lebensmittelhersteller und Vermarkter erwarten. Corporate Social Responsibility (CSR), Corporate Citizenship (CC), Corporate Governance (CG) – hinter diesen sperrigen Begriffen verbergen sich Führungs- und Management-Aufgaben, die die ganzheitliche Verantwortung der Unternehmen beinhalten.

Bio-Eigenmarken: Unter dem Etikett »Naturkind« hat der Einzelhändler Kaiser's Tengelmann rund 300 eigene Bio-Produkte in seinem Angebot.

NATURKIND
Bio
nach EG-Öko-Verordnung
NATURKIND
Die Biomarke
Bio
nach EG-Öko-Verordnung

Die Vielzahl der Konzepte, mit denen Unternehmen ihrer Verantwortung gerecht werden wollen, hat jedoch etwas Verwirrendes. Sie entspringt aber den großen Unterschieden, die Firmenkulturen in einer Marktwirtschaft entwickelt haben. Allen gemeinsam ist die konkrete Wahrung von Verantwortung, im Fachterminus als Corporate Responsibility (CR) bezeichnet. Mal ist diese Verantwortung mehr auf die Verwirklichung von Umweltthemen (Corporate Environmental Responsibility, CER) ausgerichtet, mal zielt die Unternehmenskultur mehr auf ein Gut-Sein in Bezug auf Gemeinden, Kommunen und Landkreise, in denen das jeweilige Unternehmen Standorte hat (Corporate Citizenship) und sich als »guter Bürger« in die soziale Gemeinschaft vor Ort einbringen will.

Die EU-Kommission beschreibt in ihrem Grünbuch Corporate Social Responsibility als ein »Konzept, das den Unternehmen als Grundlage dient, auf freiwilliger Basis soziale Belange in ihre Tätigkeit und in die Wechselbeziehungen mit den Stakeholdern zu integrieren«, und meint mit Stakeholdern alle gesellschaftlichen Gruppen und Institutionen, mit denen ein Unternehmen in irgendeiner Form zu tun hat: Kommunen, Bildungseinrichtungen, Vereine, Umweltgruppen, Bürgerinitiativen.

In einem ähnlichen Sinne wird der Begriff »Corporate Citizenship« verwendet. Dabei geht es um die Anforderungen an ein Unternehmen als »guter Staatsbürger«, der Mitverantwortung für eine gedeihliche Entwicklung des sozialen Umfelds trägt, in dem sich ein Unternehmen befindet. Möglicherweise führt diese Einbeziehung sozialer Verantwortung zu einer neuen Form des sozialen Wirtschaftens.

Im Feld der Umweltverantwortung gilt es, Schadstoffeinträge und Ressourcenverbrauch so zu verringern, dass weder die ökonomische Handlungsfähigkeit aufs Spiel gesetzt wird noch soziale Härten entstehen, etwa durch mehr Arbeitslosigkeit. Schließlich ist es eine zentrale Frage der öko-sozialen Entwicklung, Ansprüche an Gerechtigkeit so umzusetzen, dass auch angesichts steigender Weltbevölkerung und Verstädterung die ökologischen Belastungen sinken und die Stabilität der Volkswirtschaften beachtet wird.

Ökologie der kurzen Wege

Ökologisch verantwortbares Wirtschaften in der Agrar- und Ernährungsindustrie führt zum Beispiel zu einer Ökologie der kurzen Wege. Nach diesem Prinzip wird die Mehrzahl der Lebensmittel aus der Region bezogen. Sie werden in einer Region angebaut, verarbeitet und verkauft. Frische und Geschmack sind garantiert. Diese Form des Wirtschaftens wird dem natürlichen Kreislauf gerecht – vom Futtermittelanbau bis hin zur Nutzung biologischer Abfälle. Und wirtschaftlich ist sie auch: Kurze Wege garantieren geringe Transportkosten. Insbesondere entstehen keine Kosten als Folge von umwelt-, tier- und pflanzenschädlichem Verhalten, die die Gesellschaft als Gesamtheit tragen muss.

Eine zukunftsfähige Agrar- und Ernährungskultur stärkt durch ihre Öko-Effizienz vor allem den Mittelstand und das Handwerk. Sie entlastet die öffentlichen Haushalte und steigert die Wettbewerbsfähigkeit innerhalb und zwischen den Regionen. Eine regionale Netzwerkökonomie erhöht die Beschäftigung und ist umfassend innovativ.

Regionale Lebensmittelerzeugung, -verarbeitung und -vermarktung sind marktfähig: Sie entsprechen dem Wunsch der Verbraucher nach Sicherheit, Transparenz und Vertrauen. Damit haben Lebensmittel, die im Sinne der Ökologie der kurzen Wege hergestellt und verarbeitet werden, ein attraktives Profil. Eine stark regionale Lebensmittelwirtschaft stellt eine hohe Kundenbindung her und erlaubt einen informierten Konsum. Mithin werden alle Stakeholder-Interessen gut bedient.

Das Prinzip der kurzen Wege: Der Öko-Landbau hat seine Wurzeln in der Region. Dieser Tradition verpflichtet, vermarkten viele Bauern Kartoffeln oder Möhren direkt.

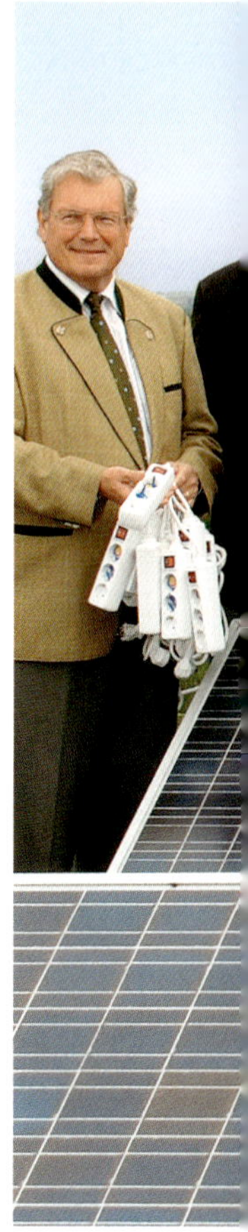

In der Unternehmensführung von großen Firmen der Lebensmittelwirtschaft werden immer häufiger »Regeln der guten Unternehmensführung« (Corporate Governance) aufgestellt. Dies sind insbesondere Firmen, die im Ernährungssektor aktiv und in besonderem Maße der öffentlichen Kontrolle und Kritik ausgesetzt sind, weil sie mit ethisch relevanten Technologien – Gentechnik, Nanotechnologie oder auch Tierversuchen – oder anderen ökologisch problematischen Herstellungsverfahren arbeiten; weil ihre Produkte unter moralischen Gesichtspunkten problematisch erscheinen, zum Beispiel weil sie gesundheitliche Schwierigkeiten erzeugen können (Süßwaren); weil sie selbst oder ein Unternehmen der gleichen Branche in der Vergangenheit durch ethisch fragwürdige oder gar wirtschaftskriminelle Aktivitäten in die Schlagzeilen geraten sind (»Gammelfleisch«); weil sie über eine besondere (Markt-)Macht verfügen und weil Macht stets moralische Verantwortung braucht. Man denke an die Multis in der Lebensmittelherstellung wie Nestlé oder an die Handelsmacht von Rewe, Edeka oder der Metro-Gruppe.

Es gibt eine Reihe von Kriterien für »gutes Wirtschaften« oder für »gelebte Verantwortung«. André Habisch, Professor für christliche Sozialethik und Gesellschaftspolitik an der Katholischen Universität Eichstätt-Ingolstadt, hat sieben Merkmale in seiner Arbeit mit Unternehmen aus der Lebensmittelwirtschaft gefunden:

Familienfreundlichkeit:

Ein Unternehmen schafft Rahmenbedingungen vor Ort, damit Mitarbeiter, die Familien aufbauen oder erhalten wollen, dies auch tun können.

Ordnungsaufgaben vor Ort:

Ein Unternehmen arbeitet insbesondere beim lokalen Umweltschutz mit, aber auch als Partner in der kommunalen Bildungspolitik. Um zwei Beispiele aus Bayern zu nennen, wo Unternehmen in vorbildlicher Weise Ordnungsaufgaben übernommen haben, sei auf den Umweltpakt Bayern verwiesen und die Stiftung Bildungspakt Bayern.

Kulturarbeit und Kulturförderung:

Dazu gehören nicht nur Aktivitäten und Förderungen in der jeweiligen Region. Zur Kulturarbeit gehört auch das kulturelle Wirken nach innen, was sich in der Architektur und Ausgestaltung der Unternehmensbüros und Fabrikgelände niederschlägt.

Forschung und Entwicklung:

Ein verantwortungsvoll handelnder Corporate Citizen gestaltet seine Innovationen in diesem Bereich im Dialog mit den Anspruchsgruppen, bezieht also beispielsweise in Verbraucher-Panels die Endnutzer in seine Forschung und Entwicklung mit ein. Dies ist insbesondere mit Blick auf bio- oder nanotechnologische Forschung und Entwicklung ein immer interessanter werdendes Unterscheidungsmerkmal ethisch guter oder schlechter Unternehmensführung.

Betriebliche Freiwilligenprogramme:

Dieses Kriterium richtet den Blick über den Tellerrand des Unternehmens hinaus. Neudeutsch gesprochen: unterhält das Unternehmen Maßnahmen zum Corporate

Umwelt- und Bildungspakt: Bayerns Umweltminister Otmar Bernhard (Foto links, 3. von rechts) ruft alle zum Stromsparen auf. Der Bildungspakt will die Qualität des Unterrichts verbessern.

Volunteering. Eine Reihe gerade größerer Unternehmen ermuntert und unterstützt ihre Mitarbeiter dabei, sich in ehrenamtliches Engagement einzubringen, beispielsweise bei Bürgerstiftungen oder Vereinen mitzuwirken, die das kommunale Leben nicht nur bereichern, sondern für ein gutes Funktionieren unabdinglich sind, wenn man zum Beispiel an die freiwilligen Feuerwehren denkt.

Personalarbeit:
In diesem Bereich gilt es zu beurteilen, wie viel und welche Art von Ausbildungsplätzen und welche Fort- und Weiterbildungsangebote angeboten werden. Oder wie mit Mitarbeitern umgegangen wird, die 50 Jahre und älter sind.

Stiften, Fördern oder Sponsern:
Ein guter Corporate Citizen kann auf diesem Feld ein systematisches Programm vorweisen, das auch über Runde Tische vor Ort auf den lokalen Bedarf abgestimmt ist.

Ethischer Welthandel

Da viele Produkte des täglichen Essen und Trinkens aus Entwicklungsländern stammen, gehört auch ein ethisch verantwortbarer Handel zur gelebten Verantwortung. Wer Kaffee, Kakao, Tee, Mangos oder Bananen einführt, steht vor vier Herausforderungen:

Faire Preise:

Viele Rohstoffpreise sind extrem niedrig und starken Schwankungen unterworfen. Dies führt direkt zu Entwicklungsschwierigkeiten und zur Verschuldung vieler Entwicklungsländer, besonders in Afrika in der Sahelzone. Die ethische Herausforderung lautet: Wie kann der Rohstoffhandel zur Preisstabilisierung und zu gerechten Rohstoffabkommen beitragen? Diese ethische Herausforderung lässt sich über den moralischen Leitwert der Gerechtigkeit ausführlich begründen.

Umweltschäden und Ressourcenverbrauch:

Rohstofferzeugung, Ernte und Transport müssen ökologisch nachhaltig organisiert sein.

Würde und Menschenrechte:

Gelebtes Ethos von Unternehmen heißt in diesem Bereich, dass es Verhaltenskodizes, Sozialklauseln, Abkommen, Kampagnen und notfalls Handelsboykotte gibt, wenn die Menschenwürde oder Menschenrechte von kleinen Bauern und Landarbeitern nicht respektiert werden, insbesondere wenn es Erzeuger aus indigenen Völkern sind.

Engagement für Frieden:

Schließlich gilt als vierte ethische Leitplanke für alle Akteure des Rohstoffhandels, dass sie alles unterlassen, was zu Rohstoffkriegen führen kann, oder, positiv gesprochen, dass sie sich in ihrem Engagement für Frieden in den Regionen, in denen ihre landwirtschaftlichen Güter erzeugt werden, als »Good Corporate Citizen«, einsetzen. Zumal unter den sich verändernden Klimabedingungen damit zu rechnen ist, dass im Bereich Landwirtschaft kriegerische Auseinandersetzungen entstehen können, etwa durch zunehmende Wasserknappheit. Deshalb werden Unternehmen in Zukunft bei der Befriedung von Regionen als Corporate Citizen mitwirken müssen und daran gemessen, was sie zu einer friedlichen Entwicklung beitragen.

Vorbildliche Initiative: Im indischen Periyar-Tigerreservat lässt der schwäbische Agraringenieur Rudolf Bühler Gewürze in Bio-Qualität anbauen. Dafür zahlt er 50 Prozent über dem Marktpreis.

Ethik im Unternehmensalltag: Seniorchef Claus Hipp sorgt persönlich dafür, dass in den Hipp-Werken eine eigens erstellte Ethik-Charta umgesetzt wird.

Ethik-Management

Im Kern des »guten Wirtschaftens« steht eine wertebewusste Führung. Unternehmen wie Dr. Oetker oder die Hipp-Werke zeigen, dass auch große Firmen der Lebensmittelwirtschaft Vorbildliches leisten können. Oftmals entsteht eine Werte-Kultur, wenn Familienunternehmer, die eine ausgeprägte Werteorientierung vorleben, an der Spitze eines Hauses stehen. Das macht das formelle Ethik-Management leicht. Axel Gloger vom Weiterbildungsmagazin *ManagerSeminare* hat in dem Überblicksartikel »Werte bewusst führen« herausgestellt, dass es für den Erfolg in Wertefragen nicht auf Sprüche und Ethik-Broschüren ankommt. Was zählt, ist vielmehr die gelebte Führungspraxis:

Vorbild führt.
Die Unternehmensspitze sollte ihren Alltag mit positiven Werten hinterlegen. Respekt, Wertschätzung, Transparenz und offene, faire Aussprache sollten das Handeln leiten.

Handeln vor Rhetorik.

Nicht die Sprechblase der Führung bringt es, sondern das Tun. Was zum Thema Werte heute gesagt wird, ist morgen vergessen. Aber wie mit Werten umgegangen wird, ob sie respektiert oder mit Füßen getreten werden, merken sich die Mitarbeiter über Jahre.

Anforderungsprofil.

Bei der Besetzung von Führungspositionen sollte nicht nur auf Fachkompetenz und bereits erreichte Erfolge geachtet werden, sondern auch auf stabile persönliche Werte.

Belohnungen.

Auch wertorientierte Führung ist ein Bestandteil des Belohnungssystems. Wertebewusstsein bringt Punkte, Werteverletzung sorgt indes für Punktabzug und dafür, dass der Aufstieg auf der Karriereleiter zunächst einmal gestoppt wird.

Grenzen zeigen.

Die Risiken von Grenzüberschreitungen für Karriere, Ruf und Geschäft sollten offengelegt und angesprochen werden.

Sanktionen.

Fehlverhalten muss konsequent geahndet werden. Verstößen sollte nicht erst dann nachgegangen werden, wenn sie geschriebenes Recht verletzen. Um Klarheit und Verbindlichkeit in der Führungskultur zu schaffen, empfiehlt es sich, über eine Art Wertemanagement-System zu verfügen. Die Firma Hipp hat ein solches System entwickelt und lebt es gewinnbringend. Die leitenden Werte für den Unternehmenserfolg am Markt und für das gute Miteinander innerhalb des Babykostherstellers – dazu gehören Partnerschaft, Solidität, Zuverlässigkeit und Langfristigkeit im Miteinander – wurden unter Einbeziehung vieler Mitarbeiter festgelegt. So wurde allen klar, was das Unternehmen zusammenhält. Die Werte wurden in einer Ethik-Charta für alle nachlesbar und verpflichtend veröffentlicht. Diese Charta regelt:

Das Verhalten am Markt:

Langfristige Erfolgsorientierung, Qualitätsmanagement, Verhalten gegenüber Kunden, Lieferanten, Konkurrenten, Innovations- und Wachstumsorientierung, Beteiligungen an fremden Unternehmen.

Das Verhalten gegenüber Mitarbeitern:

Die unternehmensinterne Kommunikation, Zielvereinbarungen mit Führungskräften, Mitarbeiterauswahl, Aus- und Weiterbildung, Auswahl und Entwicklung von Führungskräften, Mitarbeiter- und Führungskräftebeurteilung, Mitarbeiterentlohnung, Entlassungen, Arbeitszeit und Familie, Vorschlagswesen, Arbeitssicherheit, Interessenvertretung der Mitarbeiter, Verhalten der Mitarbeiter, Gesprächskultur, Ehrgeiz und Rücksichtnahme, Loyalität zum Unternehmen, Bestechlichkeit, Organisationseinordnung, Unternehmergeist der Mitarbeiter, Zeit- und Kostenmanagement, Informationsaustausch, Know-how-Weitergabe, gesellschaftliche Haltung der Mitarbeiter.

Feierliche Preisverleihung: Ulrich Wickert überreicht Georg Schneider den »Deutschen Preis für Wirtschaftsethik«, den die Weißbierbrauerei Schneider 2005 erhalten hat. Links: der Firmensitz des Unternehmens.

Verhalten gegenüber Staat und Gesellschaft: Erfüllung staatlicher Auflagen, Verhalten gegenüber Behörden, gesellschaftliches Engagement. Die Ethik-Charta von Hipp regelt also umfassend alle Teile der Firmenpolitik. Damit die Vorgaben eingehalten und ständig erneuert werden, ist eine »Ethik-Kommission« etabliert worden. Sie setzt sich aus fünf Mitgliedern zusammen: dem Vorsitzenden, dem Programm-Manager, dem Personalleiter und je einem Vertreter der Bereiche Vertrieb/Marketing und Werk. Wie Seniorchef Claus Hipp immer wieder bestätigt, bewährt sich dieses Ethik-Management sehr gut. Es hat unter anderem zur Vermeidung von Fehlverhalten, von Fehlern und Reibungsverlusten geführt. Eine lebendige Kultur des guten Wirtschaftens führt – so Claus Hipp – auch zu dauerhafterem Erfolg im Wettbewerb. Sie schafft Glaubwürdigkeit und Vertrauen bei den Kunden.

Verfahren der Überprüfung

Für wirkliche Glaubwürdigkeit muss das »gute Wirtschaften« sich überprüfen lassen. Nutzen und Erfolg eines Ethik-Managements werden deshalb mit unterschiedlichen Verfahren sachlich überprüft und eingeordnet, die Fachleute sprechen von einem »Rating«. Ein entsprechendes Überprüfungsverfahren steht beispielsweise hinter dem »Deutschen Preis für Wirtschaftsethik«. Er ging 2005 an die Weißbierbrauerei Schneider Weisse, die ab Seite 146 vorgestellt wird. Die Preisvergabe beruhte auf dem Corporate-Responsibility-Rating der oekom research AG. Es überprüft den betrieblichen Umweltschutz, die ökologische Produkt- und Dienstleistungsgestaltung, den sozialen Umgang mit externen Partnern und die Mitarbeiterkultur.

Damit betrieblicher Umweltschutz nicht dem Zufall überlassen bleibt, ist es notwendig, ein Umweltmanagementsystem einzurichten, das den gesamten Betriebsablauf bis zur Gestaltung von Dienstreisen und Arbeitswegen erfasst und sowohl Zulieferer als auch Subunternehmer und deren Umweltschutzmaßnahmen einschließt. Mit aktivem Umweltmanagement verbessert ein Unternehmen seine Öko-Effizienz, das heißt, es verringert den Einsatz von Energie- und Rohstoffen und damit die Umweltbelastung. Es reduziert gleichzeitig seine Kosten und Risiken und steigert seine Wettbewerbsfähigkeit.

Ein Blick auf alle Branchen zeigt, dass bislang nur die Hälfte aller Unternehmen – auch der Lebensmittelwirtschaft – ein vollständiges Umweltmanagementsystem eingeführt hat, ein gutes Viertel befindet sich in der Aufbau- oder der Planungsphase, und ein weiteres knappes Viertel lässt seinen betrieblichen Umweltschutz überhaupt nicht zertifizieren.

Weil aber, wie bereits erwähnt, zumindest Bio-Lebensmitteln moralische Qualitäten zugesprochen werden, ist es naheliegend, dass alle, die an Herstellung, Verarbeitung und Verwaltung von Produkten rund um Essen und Trinken beteiligt sind, über ein entsprechendes Zertifikat nachdenken sollten. Es ist sehr wahrscheinlich, dass die Käufer konventioneller Lebensmittel dies schon in naher Zukunft zu einem weiteren Auswahlkriterium für ihre Kauf- und Konsumentscheidung machen werden.

Agrar- und Ernährungskultur

Eine zukunftsfähige, gute Lebensmittelwirtschaft gründet in einem ganzheitlichen Verständnis von Agrar- und Ernährungskultur. Zu diesem Verständnis gehört auch das Wissen um die lange Evolution des Geschmacks und all der anderen Sinne und Stoffwechselfunktionen, die Essen und Trinken »auswerten«.

Seit etlichen Jahren wird mit so genanntem »Functional Food« die natürliche Evolution ausgeschaltet. Das sind Lebensmittel, die Gesundheit und Leistungssteigerung versprechen, weil ihnen bestimmte Stoffe zugesetzt wurden – beispielsweise Vitamine in Fruchtsäften zur Stärkung der Abwehrkräfte, besondere Bakterienkulturen in Joghurt, die die Darmflora verbessern sollen, oder Omega-3-Fettsäuren in Brot und Margarine gegen Herz-Kreislauf-Erkrankungen.

Bislang haben sich Menschen und Gesellschaften langsam und teils mühevoll in klimabedingte oder geografische, eher kleinräumige Agrar- und Ernährungswelten eingepasst. Im 21. Jahrhundert versuchen Food Designer, die Evolution dramatisch zu beschleunigen. Mit Functional-Food-Angeboten zum Beispiel kreieren sie Ernährungsangebote, die möglicherweise die kurzfristige Anpassungsfähigkeit des menschlichen Stoffwechsels überfordern.

Umso wichtiger ist es, für die Vielfalt von Agrar- und Ernährungskulturen zu streiten, dafür, dass Produkte und Angebote erhalten bleiben, die für den Eigengeschmack von ganzen Landstrichen, einzelnen Tälern oder Küstengebieten stehen. Peter C. Mayer-Tasch hat dieses Anliegen in ein passendes Buch gebracht: *Die Küche im Dorf lassen*. Der Professor für Politikwissenschaft und Rechtstheorie an der Universität München beschreibt die vielfältigen negativen Folgen, die die agrarpolitisch subventionierte Unvernunft einer so genannten »globalisierten Lebensmittelkultur« mit sich bringt: »Wie fleißige Agrar- und Konsumkritiker ausgerechnet haben, ist in den USA ein Nahrungspfund im Durchschnitt ca. 2000 Kilometer unterwegs, bis es in der Küche landet. Ein vom Wuppertal Institut für Klima, Umwelt, Energie unter die Lupe genommener, inzwischen berühmt-berüchtigter Erdbeerjoghurt brachte es gar auf beinahe 8000 Kilometer, bis er schließlich dem Leckermaul zu Diensten sein konnte. Florida-Orangen haben ca. 12.000 und neuseeländische Kiwis ca. 23.000 Kilometer zurückgelegt, ehe sie in unseren Küchen landen. Das Herbeifliegen und Herbeikarren des Importgemüses verbraucht etwa dreimal so viel Energie wie der gesamte heimische Gemüseanbau. Dass für den Transport solcher – zu Unrecht ‚Güter' genannten – Hervorbringungen mithin ein Mehrfaches der Energie aufgewendet werden muss, die für ihre Herstellung erforderlich ist, liegt auf der Hand. Und dies, obwohl die Energiebilanz etwa für Südfrüchte wie Orangen ebenfalls sehr unerfreulich ist. Um einen Liter Orangensaft zu erzeugen, braucht man im Durchschnitt über 20 Liter Wasser, fast einen halben Liter Diesel und einen Quadratmeter Boden! Zudem enthüllen Stichuntersuchungen auf herbeigeflogene Tomaten-, Spargel-, Avocado-, Kiwi- oder Bananenpfunde umgerechnete Kerosin- und Kohlendioxidwerte von erschreckender Höhe. Sie lassen wenigstens punktuell erkennen, was es bedeutet, wenn die Küche nicht mehr im Dorf bleiben will oder kann. Etwa 20 Prozent unseres gesamtgesellschaftlichen Energiebedarfs wird heute darauf verwendet, den Tisch zu decken!«

Traditionelle Streuobstwiese: Die Pflege alter Obstbaumkulturen trägt nicht nur zum Erhalt alter Sorten, sondern auch der Artenvielfalt bei – und liefert frische Früchte, die nicht von Übersee angeliefert werden müssen.

Dies ist nur ein Beispiel der kollektiven Unvernunft einer sich globalisierenden Agrar- und Ernährungswirtschaft. Eine »gute Ernährungswirtschaft« sollte es dagegen ernst meinen, in Zukunft Herstellungs- und Verteilungsverfahren rund ums Essen und Trinken aufzubauen, die mitweltverträglich sind. Ansätze hierzu sind überall erkennbar. Dazu gehören die Slow-Food-Bewegung, die Organisation Terra Madre, der Bund der Regionalbewegung oder die Schweisfurth-Stiftung, um nur einige zu nennen.

Ihnen allen ist gemeinsam, dass sie für eine genuss- und abwechslungsreiche »dörfliche« Küche Bewusstsein schaffen. Sie arbeiten an der Einrichtung und Erhaltung von regionalen Netzwerken aus ländlichen Erzeugern wie Metzgern, Bäckern oder Käsern und fördern regionale Vermarkter, die dazu beitragen, im Bereich Lebensmittelwirtschaft neue stabile »Strukturen der Nähe« aufzubauen. Damit wird – angesichts der Welthandelsströme, die von Lieferengpässen und Preissprüngen gekennzeichnet sind – eine Ernährungssicherung der zweiten Ordnung aufgebaut. Gerät das konventionelle industrielle System, das in den entwickelten Ländern derzeit die Hauptrolle spielt, aus den Fugen, wird das »System der Nähe« hoffentlich tragfähig entwickelt sein, um an seine Stelle zu treten und alle gut satt zu machen.

Andrea Klepsch arbeitet als Kommunikationsberaterin, Trainerin und Coach und ist geschäftsführende Gesellschafterin der *modem conclusa public relations gmbh*, München.

Die täglichen Lebensmittel

1_BROT UND BACKWAREN

2_FLEISCH UND WURST

3_FISCH

4_MILCH UND MILCHPRODUKTE

5_GENUSSMITTEL UND GEWÜRZE

6_OBST UND GEMÜSE

7_WEIN UND BIER

Brot und Backwaren

Weizenland Deutschland: Jährlich werden hierzulande 23 Millionen Tonnen geerntet. Theoretisch reichen 250 Kilogramm, um einen Menschen ein Jahr lang zu ernähren.

VON SILVIA LIEBERMANN

Das Geheimnis eines guten Brotes liegt in handwerklich aufbereiteten Natursauerteigen, die genügend Zeit haben, ihr eigenes Aroma selbst zu entfalten. Der Alltag in deutschen Backstuben sieht jedoch anders aus. Ohne chemische Zusatzstoffe geht fast nichts mehr. Selbst ein einfaches Frühstücksbrötchen ist voll davon.

Das Erste, was deutsche Auswanderer in der Ferne oft vermissen, ist Brot aus der Heimat. Egal ob in Spanien, Großbritannien oder in den USA – nirgendwo ist ein saftiger Sauerteiglaib mit dunkler Kruste, eine Breze oder ein Kornspitz zu finden, außer vielleicht in einer vereinzelten »German Bakery«. Denn in keinem anderen Land der Welt formt man aus Getreide mehr Backwaren als hierzulande: Über 300 Brot- und mehr als 1200 Kleingebäcksorten werden in deutschen Backstuben angeboten. Die regionalen Unterschiede spiegeln sich oft in den Produktbezeichnungen wider – vom Berliner Landbrot über Westfälisches Pumpernickel bis zum Frankenlaib, von der Schrippe bis zur Semmel. Pro Jahr verspeist jeder Bundesbürger im Durchschnitt knapp 86 Kilogramm Brot und Brötchen.

Obwohl das Grundnahrungsmittel Brot beliebt ist wie nie zuvor, beklagt die Branche seit Jahren Umsatzeinbrüche. Viele kleine Backstuben mussten schließen oder kämpfen ums Überleben. Während die Zahl der Betriebe 1999 noch bei 20.600 lag, waren es 2006 nur noch 16.300 Betriebe. Der Umsatz verringerte sich in dieser Zeit um rund zwölf Prozent. Zum einen gibt es die großen Ketten, die immer mehr Filialen eröffnen. Sie produzieren ihre Brötchen kosteneffektiv in der Fabrik und fahren sie per Laster jeden Morgen zu den Läden. Die größte deutsche Bäckereikette ist Kamps mit Sitz in

Schwalmtal am Niederrhein und 1000 Filialen. Hinzu kommen die Selbstbedienungsbäckereien in Fußgängerzonen und vor allem die Aufbackstationen in Supermärkten. Die Kunden angeln ihre Brötchen mit einer Zange aus Plexiglaskästen – und zahlen ein paar Cent dafür.

In den vergangenen Jahren setzte den Bäckern diese Selbstbedienungs-Konkurrenz stark zu, dennoch blickt die Zunft zuversichtlich in die Zukunft. 2006 erwirtschafteten die Handwerksbäckereien bereits ein leichtes Plus von 0,5 Prozent. Peter Becker, Präsident des Zentralverbandes des Deutschen Bäckerhandwerks, ist zuversichtlich, diesen Marktanteil halten zu können. Zum einen seien die Bäcker durch den Konkurrenzdruck qualitätsbewusster geworden. Zum anderen hätten die Kunden erkannt, dass der Preisunterschied zu Billiganbietern marginal ist. Schließlich koste das Brot vom Bäcker nur wenig mehr und man gewinne dadurch ein Stück Lebensqualität, so der Verbandspräsident.

Mehr Lebensqualität für mehr Geld – diese Rechnung geht allerdings nicht immer auf. Denn längst ist es nicht mehr so, dass der kleine Bäcker von nebenan nur mit Liebe und Handwerkskunst geformte Laibe in den Ofen schiebt. Im Gegenteil. Das Grundnahrungsmittel Brot ist seit Jahren in der Kritik. Schlagzeilen wie »Chemie im Teig«, »Zusatzstoffe im Brot« oder »Tütenbäcker« verunsichern die Kunden. »Im Brötchen vom

kleinen Bäcker nebenan steckt oft sogar mehr Chemie als in dem, was aus der Fabrik kommt«, sagt der Lebensmittelchemiker Udo Pollmer. Er behauptet: 98 Prozent der Zunft greifen auf Fertigmischungen zurück.

Peter Becker weist das entschieden zurück. Vor allem müsse man unterscheiden, um welche Mischung es sich handele. Das Angebot der Industrie reicht von der kompletten Fertigmischung, bei der man nur noch Hefe und Wasser zugeben muss, bis zur 20-prozentigen Körner-Vormischung. Auch er persönlich verwende für seine Sauerteigbrote Körner-Vormischungen, erklärt Peter Becker. »Das ist für mich einfach rationeller, als zehn Körnersaaten einzeln zu mischen.« Negativ sei es allerdings, eine 100-prozentige Fertigmischung zu verwenden. Das wäre seiner Ansicht nach auch viel zu teuer und unrationell.

Wer ein frisches Brötchen oder Croissant kauft, hat meist jedoch keine Ahnung, welche Zusatzstoffe und Hilfsmittel er damit verspeist. Anders ist das beim abgepackten Brot aus dem Supermarkt, bei dem die einzelnen Zutaten aufgelistet sind. Zwar muss jeder Bäcker bei loser Ware Auskunft über die Zutaten geben können, aber wer macht sich schon die Mühe, danach zu fragen? Etwa 200 Zusatzstoffe sind beim konventionellen Brotbacken erlaubt. Das Korn wird nicht einfach nur gemahlen, sondern behandelt, damit das Mehl nicht klumpt. Der Teig wird stabilisiert und mit chemischen Helferlein angereichert, damit er in der Schnell-Back-Stube problemlos und schnell aufgebacken werden kann. Amylasen zaubern mehr Volumen ins Brot und sorgen dafür, dass es leichter braun und rösch wird. Proteasen machen den Teig dehnbarer und elastischer. Und Xylanasen sorgen für mehr Stabilität und Volumen im Teig. Bio-Verbände kritisieren, dass diese Hilfsmittel Allergien auslösen können.

Der Markt für gefrostete Brötchen brummt. Bei der Tiefkühlkost nehmen Backwaren mit 17,8 Prozent bereits den größten Anteil ein. In Hotels, Tankstellen, Discount-Bäckereien, Supermärkten und an deutschen Frühstückstischen: Überall wird aufgebacken. Doch nicht nur dort, sondern auch im kleinen Bäckerladen von nebenan stammt immer mehr Backware aus industrieller Fertigung. »Die Tiefkühl-Ware beim kleinen, handwerklichen Bäcker erlebt ein wirklich rasantes Wachstum«, erklärt Udo Pollmer. Kein Wunder, die Kunden erwarten ein immer größeres Sortiment. Welche kleine Backstube kann das alles noch selbst produzieren? Deshalb bedienen sich immer mehr Bäcker zumindest teilweise bei den Tiefkühlfirmen, um ihr Sortiment aufzustocken. Und deshalb schmecken Croissants, Laugenstangen und Apfeltaschen überall im Land immer ähnlicher.

Vom Korn zum Brot: Kritiker bemängeln, dass 98 Prozent aller Bäcker auf Fertigmischungen zurückgreifen.

Eigene Backstube: Die Bio-Bäckerei Herzberger, die zur regionalen Handelskette tegut gehört, ist eine der größten Bio-Bäckereien Europas.

Der Boom der Billigware hat einen Gegentrend hervorgerufen: Immer mehr Bäcker setzen verstärkt auf Qualität, um sich von der Masse abzuheben. Auch der schwäbische Bäcker Markus Hönnige benutzte Fertigmischungen und tiefgekühlte Teiglinge. Bis er vor einigen Jahren keine Lust mehr darauf hatte: »Ich wollte ehrliche Produkte machen, hinter denen ich stehen kann.« Er begann, seinen Betrieb nach den Richtlinien des »Slow Baking Vereins« umzustellen, der sich unter dem Motto »Backen mit Zeit und Geschmack« an der Slow-Food-Bewegung orientiert. Dazu musste er auf sämtliche Zusatzstoffe verzichten und erst einmal lernen, einen Tortenboden ohne Emulgatoren zu backen. Das Mehl bezieht Hönnige von einem Bauern aus der Region. Seinen Teigen lässt er viel Zeit, damit sich der Geschmack optimal entwickeln kann. Denn Hönnige hat gelernt, dass es sich beim Teig wie mit Wein oder Käse verhält: »Je länger er liegt, desto besser der Geschmack.«

Besonders arbeitsintensiv ist die Herstellung von Sauerteig. Der macht Roggenmehl backfähig und dient bei anderen Getreidearten als Geschmacksverstärker. Die traditionelle Sauerteigführung, wie die Herstellung genannt wird, verläuft in drei Stufen und dauert in der Regel 24 Stunden. Vielen Bäckern ist das zu aufwändig – sie greifen deshalb zu industriellen Teigsäuerungsmitteln, um die Gärzeit zu verkürzen. Diese Backmittel bestehen meist aus Milchsäure, Essigsäure, Zitronensäure oder Weinsäure. Dabei ist die lange Teigreifung nicht nur für den Geschmack wichtig, sondern sorgt auch dafür, dass die Nährstoffe im Körper besser verwertet werden. Deshalb sind Backmittel im Slow-Baking-Brot tabu.

Auch die Zahl der Bio-Bäckereien hat zugenommen. Denn Brot aus ökologischer Erzeugung wird immer beliebter. 2007 betrug das Umsatzwachstum bei Bio-Broten 28 Prozent, der Anteil am Gesamt-Brotmarkt stieg auf fast acht Prozent. Entscheidende Unterschiede zwischen konventionellem Brot und solchem mit Bio-Siegel gibt es vor allem bei der Verarbeitung. Während bei konventionellen Backwaren nach Auskunft von Bioland-Sprecher Ralf Alsfeld rund 200 Zusatzstoffe erlaubt sind, sind es bei Bio-Backwaren erheblich weniger. Bei Produkten nach EU-Öko-Verordnung sind 32 Zusatzstoffe zugelassen, bei Bioland-Produkten sogar nur zwölf. Generell verboten sind gentechnisch veränderte Stoffe, wie sie zum Beispiel in Enzymen enthalten sein können, oder künstliche Aromen.

Ein weiteres Argument für den Kauf von Bio-Brot ist der Umweltschutz. Wer ein Kilo Bio-Brot kauft, sorgt dafür, dass zwei Quadratmeter Acker biologisch bewirtschaftet werden. Dadurch werden Boden und Grundwasser von mineralischen Stickstoffdüngern und Pflanzenschutzmitteln verschont. Klimafreundlicher ist es auch: Ein Kilo Öko-Brot verursacht 10 bis 20 Prozent weniger CO_2 als eines aus konventionellem Anbau.

Unser täglich Brot

Ein ganz normales Mehrkorn-Brötchen darf nicht nur Mehl, Hefe, Wasser und mehrere Körnersorten enthalten, sondern auch Stabilisatoren (Guarkernmehl, Diphosphat, Kalziumphosphat), Buttermilchpulver, Zucker, Traubenzucker, Emulgatoren (Mono- und Diacetylweinsäureester von Mono- und Diglyceriden von Speisefettsäuren), Mehlbehandlungsmittel (Ascorbinsäure), Trennmittel und Säuerungsmittel. Daneben gibt es noch zahlreiche weitere Hilfsmittel, die überhaupt nicht gekennzeichnet werden müssen – auch nicht bei verpacktem Brot. Dazu gehören zum Beispiel Enzyme, die meist mit Hilfe gentechnisch veränderter Mikroorganismen hergestellt werden und durch Abbau von Stärke die Teigeigenschaften verbessern sollen.

HOF-PFISTERE

VON CLAUS BIEGERT

Die Herrin des Brotes

VOR 20 JAHREN HABEN DIE INHABER DER HOFPFISTEREI MIT SITZ IN MÜNCHEN ENTSCHIEDEN, AUS IHREM GESCHÄFT EINEN BIO-BETRIEB ZU MACHEN. DAMALS WAR DAS NICHT GANZ EINFACH. HEUTE IST DAS UNTERNEHMEN EIN ERFOLGSMODELL MIT 280 FILIALEN IN GANZ SÜDDEUTSCHLAND.

Profit habe sie nicht im Sinn, sagt sie, das blaue Brotgestell voll Papier vor dem Bauch hertragend. Dann lauscht sie ihren eigenen Worten nach und lacht: »Gell, ein verrückter Standpunkt für eine Unternehmerin.« Ja, ganz schön verrückt. Wohin jetzt mit dem Plastikkasten? Fünf runde Laibe Brot passen da hinein. Im Stehen erzählt sie, wie sie immer schon am Brot interessiert war, wie die Natur sich rächen werde, wenn wir nicht anfangen, Verantwortung zu übernehmen.

Schließlich sitzen wir. Margaretha Stockers Augen leuchten beim Reden. Wahrscheinlich haben ihre Augen auch so geleuchtet, als sie vor über 40 Jahren bei einer Party in den Räumen der alten Hofpfisterei, einer bayerischen Traditionsbäckerei, in ihr erstes Pfisterbrot gebissen und den Siegfried Stocker kennengelernt hat. Worauf der Juniorchef ihr zwei Jahre lang täglich schrieb, nach Frankreich und in die USA, denn Margaretha wollte Fremdsprachenkorrespondentin werden. Bevor sie dann die Koffer für Spanien packte, wurde geheiratet, und sie ging nicht mehr nach Spanien, dafür in die Chefetage der Hofpfisterei. Die Hofpfisterei. Aus ihrem Leben ist sie nicht mehr wegzudenken, denn sie ist zu ihrem Leben geworden. Längst ist sie landauf, landab die Frau für das Öko-Brot, aber: »Die meisten haben ja keine Ahnung, wie schwer das damals war.« 1989 fasste sie zusammen mit ihrem Mann den Entschluss, den Weg der Pestizide, der Dünge- und Backmittel zu verlassen. Das Schicksal wollte es, dass just zu der Zeit die Mayersmühle in Landshut zum Verkauf stand und in den Stocker'schen Besitz überging. Nun war der Weg vom Getreide zum Brot in einer Hand geebnet, und die Hofpfisterei, gegründet 1331, wurde wieder nahezu ihrem Namen gerecht, denn ein Pfister war Getreidehändler und Müller und Bäcker. Für die Öko-Umstellung war es natürlich auch von Vorteil, den Zugriff auf alle Produktionsmittel zu haben. Doch der Plan hatte eine Lücke: Öko-Brot braucht Öko-Mehl, auf der weiten bayerischen Flur aber gab es für die Hofpfisterei in dieser Zeit nur zwei Bauern, die ökologischen Feldbau betrieben. Also zog Siegfried Stocker von Dorf zu Dorf mit dem Ziel, Landwirte umzustimmen und vom Öko-Anbau zu überzeugen, um sie dann als künftige Getreidelieferanten

unter Vertrag zu nehmen. Es war eine Pilgerreise im Zeitalter des Paradigmenwechsels. Margaretha kümmerte sich indessen um die Kinder Nicole und Alexander, denen der ökologische Kurs der Eltern suspekt war. Chips und Coke waren der Proviant der Clique, nicht Naturkost; man war cool, nicht öko. »Mama, wir müssen uns ja in der Schule schämen mit euch.« Ein Satz aus der Familiengeschichte der Stockers, den Margaretha heute mit einem verzeihenden Lächeln erzählen kann. Nicole hat Jura studiert und Alexander Betriebswirtschaft. Beide sind inzwischen in den elterlichen Betrieb eingestiegen und wollen die Tradition des Familienunternehmens fortsetzen.

Durchs Fenster ihres Büros in der Kreittmayrstraße kommt ein süßlich-würziger Duft von draußen, nicht unähnlich dem, der beim Bierbrauen entsteht. Sie schnuppert genüsslich: »Unser Natursauerteig.« Sie sagt es stolz und liebevoll, so, als wolle sie die Worte schmecken. Der Pfister'sche Sauerteig ist ein Stück bayerische Brotgeschichte, 1982 das letzte Mal angesetzt und doch jeden Tag frisch. 24 Stunden braucht er, bis die Enzyme das Roggenmehl aufgeschlossen haben und die Hefepilze und Milchsäurebakterien ihre Arbeit tun. Natursauerteig verlangt Geduld.

Pfisterbrot ist wegen seiner Herkunft teurer als Brot ein paar Straßen weiter. Drum ist Kundenbetreuung für Margaretha Stocker mehr als Marketing. Sie will, dass jeder weiß, was drin ist im Brot. »Unser ökologisches Getreide wird auf 250 Schadstoffe getestet. Das ist für die Allergiker besonders wichtig.« Sie will, dass jeder erfährt, was der ganze Aufwand bringt, wenn ein Feld nicht mehr den Chemiewolken ausgesetzt ist. »Unser Brot hilft dem Boden und dem Grundwasser. Was brauche ich einen schlagenderen Beweis für Öko-Anbau, als wenn ich sehe, dass der Brombeerzipfelfalter und der Schwalbenschwanz wieder da sind, der Kiebitz, die Lerche, die Wachtel.«

Die Hofpfisterin ist zur Hobbyornithologin geworden, kein Spaziergang ohne Fernglas, auch daheim steht der Feldstecher immer in Reichweite. Mit dem Landesbund für Vogelschutz besteht ein enges Bündnis, in den 280 Filialen der Hofpfisterei liegen neben den 31 Brotsorten Anmeldeformulare für den Vogelschutzbund aus, und seit Jahren gibt es jeden Monat eine Postkarte kostenlos, Schmetterlinge, Vögel, Bachbewohner – ins Bild gesetzt von ihrer Malerfreundin Rita Mühlbauer.

»Die Göttin Ma'at stand im Alten Reich 2700 v. Chr. für die kosmische Ordnung, die nicht gestört werden durfte.« Um die kosmische Ordnung geht es ihr auch, wenn sie von der Reinheit des Bodens und der Bäche spricht und von dem Irrweg, auf den man die Bauern in den letzten Jahrzehnten geschickt hat.

Mit dem Wotan habe es angefangen, sagt sie, der habe aus der Weltesche einen Speer geschnitzt und damit sei der Kosmos aus den Fugen geraten, weil nun Macht und Kampf verherrlicht wurden. »Der Richard Wagner hat das in der Götterdämmerung wohl erkannt. Am Schluss siegt die Natur.«

Garant Hofpfisterei: Der Natursauerteig kann ohne alle Zusatzstoffe reifen.

Das Geheimnis eines guten Brotes

31 verschiedene Brotsorten und zig Brötchen gibt es im Sortiment der Hofpfisterei: Bauernbrot in Hell oder Dunkel, Schwaben-, Franken-, Kümmellaib, Dinkel-, Karotten- oder Olivenbrot. Der Natursauerteig wird nach wie vor in traditioneller Weise mit natürlich langer Reifezeit hergestellt. Er ist die Basis des guten Geschmacks der Pfisterbrote. Als Zutaten werden ausschließlich Getreide aus ökologischer Landwirtschaft verwendet. Eine eigene Mühle garantiert die reine Verarbeitung. Pfister-Produkte gibt es in 280 eigenen Filialen und über 700 Lebensmittelgeschäften. Und wer keinen Laden mit Pfister-Produkten in der Nähe hat, kann sich die Öko-Brote auch per Versand liefern lassen: *www.hofpfisterei.de*

PLANK-STETTEN

VON GEORG ETSCHEIT

»Grenzen der Schöpfung anerkennen«

DAS BENEDIKTINERKLOSTER PLANKSTETTEN IST EIN ÖKOLOGISCHER UND SOZIALER VORZEIGEBETRIEB, DER SICH AN DEN REGELN ORIENTIERT, DIE DER HEILIGE BENEDIKT VOR RUND 1500 JAHREN AUFGESTELLT HAT. ER IST DAMIT URALT – UND SUPERMODERN ZUGLEICH.

Weithin sichtbar, massig und ein wenig trutzig – so hockt das Benediktinerkloster Plankstetten an einem bewaldeten Hang in einem Seitental des Flüsschens Altmühl unweit der kleinen Bischofsstadt Eichstätt. Die Abtei ist uralt. Davon zeugt die im Kern romanische Abteikirche Mariä Himmelfahrt. Doch hinter den Mauern des 1129 gegründeten Konvents weht ein frischer Geist. Denn das Kloster ist nicht nur eine bekannte christliche Bildungsstätte, sondern auch ein ökologisch-sozialer Vorzeigebetrieb. 19 Mönche leben vor, wie man Wirtschaftskreisläufe innerhalb einer Region so organisieren kann, dass Mensch und Umwelt gleichermaßen profitieren.

Landwirtschaft hat hierzulande nur in der ökologischen Variante eine Chance und sollte fest in der Region verankert sein. Davon sind die Mönche überzeugt. Deshalb entwickelten sie das Konzept einer ökologischen und regionalen Kreislaufwirtschaft. Das Kloster, dessen Landwirtschaft schon 1994 komplett auf Bio-Landbau umgestellt wurde, ist Zentrum eines regionalen Netzwerkes, das auch kleineren Bauern außerhalb der Klostermauern Überlebenschancen bietet. Landwirten im Umkreis von 50 Kilometern, die bereit sind, ebenfalls auf Öko-Betrieb umzustellen und einem anerkannten Anbauverband beizutreten, versprechen die Mönche Absatzmöglichkeiten zu fairen Preisen, etwa im Konvent, dem Gästehaus, der Klosterschenke oder dem eigenen, modernen Klosterladen.

Auf mehr als 100 Hektar klostereigenen Äckern bauen die Mönche selbst Dinkel, Braugerste, Brau- und Backweizen sowie andere Feldfrüchte in Bio-Qualität an. Der größte Teil des Getreides wird im Riedenburger Brauhaus zu Öko-Bier verarbeitet, der Rest geht in die Klosterbäckerei. Auch die Mühle, die das klösterliche Getreide mahlt, ist ein zertifizierter Öko-Verarbeiter – und liegt natürlich im Umkreis des Klosters. Zur klösterlichen Landwirtschaft gehört zudem eine artgerechte Schweine- und Rinderhaltung. Fleisch, Wurst und Schinken aus der Klostermetzgerei unterliegen den hohen Qualitätsnormen von Bioland.

Das Konzept einer modernen ökologisch-sozialen Lebensweise, die sowohl Mensch wie Natur zu ihrem Recht kommen lässt, ist in Plankstetten jedoch nicht vom Himmel gefallen. Ihr Fundament ist die Mönchsregel des heiligen Benedikt von Nursia (480 bis 547), des Begründers des abendländischen Mönchtums. Fast könnte man ihn den Urvater der Lehre von der Corporate Responsibility nennen. Ein Schlüsselbegriff benediktinischen Lebens ist die »stabilitas«, die lebenslange, räumliche Gebundenheit der Mönche an einen bestimmten Ort. Die Mönche sollten, so lehrte der heilige Benedikt, nur von dem leben, was sie selbst an einem bestimmten Ort produzieren konnten. »Man nehme alles so, wie es sich in der Gegend, wo sie wohnen, findet, oder was man billiger kaufen kann«, schrieb der Ordensgründer vor rund 1500 Jahren. »Die Mönche sollten die Grenzen der Natur akzeptieren und ihre durch die Begrenztheit der Schöpfung bedingte Armut annehmen«, interpretiert Pater Beda Sonnenberg, der oberste Repräsentant des Klosters, die Worte des heiligen Benedikt. Daraus ergibt sich, so Pater Beda, die Forderung nach einem verantwortungsbewussten Umgang mit der Natur. »Die Schöpfung Gottes ist kein Rohstofflager, das der Mensch nach Belieben ausbeuten darf, sondern eine geschenkte Lebensgrundlage, die das menschliche Leben bestimmt.«

In der Beziehung, die das Kloster als Wirtschaftsfaktor zu seiner Umgebung aufbaut, entstehen Nähe und Vertrauen, zwei zentrale Begriffe der benediktinischen

Lebens- und Wirtschaftsweise. »Wenn einer dem anderen auf den Acker, in den Kuhstall oder in den Kochtopf schauen kann, schafft das Vertrauen«, sagt Pater Beda. »Und die partnerschaftliche Zusammenarbeit führt wiederum zu Gemeinschaft unter den Menschen und somit einer anderen Form von Nähe.«

Der heilige Benedikt bestimmte sogar ausdrücklich, dass die Mönche ihre Waren zu angemessenen Preisen verkaufen sollten. »Bei der Festlegung der Preise darf sich das Übel der Habgier nicht einschleichen«, heißt es in der Benediktsregel. »Man verkaufe sogar immer billiger, als es sonst außerhalb des Klosters möglich ist, damit in allem Gott verherrlicht wird«, sagte der heilige Benedikt vor 1500 Jahren. Die Qualität der im Kloster erzeugten Waren verlange nach »Wahrhaftigkeit und Ehrlichkeit bei der Preisbildung«, übersetzt Pater Beda die Benediktsregel. »Nicht nur das Material, sondern auch das Engagement, der Ideenreichtum und die Kreativität der Menschen bei Erzeugung, Verarbeitung und Vermarktung sollen sich im Preis niederschlagen.

Über allem steht freilich bei den Benediktinern kein abstraktes humanitäres Prinzip, sondern Gott. Ihm soll in allen Lebensäußerungen der Mönche gehuldigt und gedankt werden. »Die reinste Form dieses Dankes wird in der Eucharistie erlebbar«, sagt Pater Beda. »Das Brot, das dort gebrochen wird, ist im übertragenen Sinne das gleiche, das wir in unserer Klosterbäckerei herstellen.«

Der Schöpfung nahe: Selbst angebautes Korn und eigenes Brot kennzeichnen den Klosterbetrieb.

Weg von Öl und Gas

Keine Frage, dass das Öko-Kloster Plankstetten auf erneuerbare Energien setzt. »Der bewusste Umgang mit Energie ist eines unserer zentralen Themen«, sagt Cellerar Frater Andreas Schmidt, der in der Abtei für Wirtschaft und Finanzen zuständig ist. Neben einer Hackschnitzel-Heizanlage, die mit Holz aus dem eigenen Wald gefüttert wird, gibt es Sonnenkollektoren und Wärmerückgewinnung. Ein Teil des klösterlichen Fuhrparks wird mit Rapsöl betankt. Und schon 1995 wurden alle Gebäude daraufhin untersucht, wie Heizung und Energieversorgung effizienter gestaltet werden können. Das barocke Teehaus, die Klosterbuchhandlung und ein Gewächshaus werden seither dezentral mit Erdgasbrennern beheizt, um Verluste bei der Wärmeleitung zu verhindern.

Fleisch und Wurst

Seltener Anblick: Den meisten Rindern werden die Hörner abgeschnitten, auch in Bio-Betrieben. Damit soll die Verletzungsgefahr gesenkt werden.

VON FRANZ-THEO GOTTWALD

Die Geschichte der Menschheit ist auch eine Geschichte des Fleisches. Doch während Fleisch in allen Kulturen der Vergangenheit als etwas Besonderes geschätzt wurde, ist es heute zur billigen Massenware verkommen – mit ungeheuren Folgen für Tiere, Menschen und Ökosysteme.

Fleisch gilt seit alters her als ein Stück Lebenskraft. Es wurde verehrt und war in vielen Kulturen dominierender Bestandteil der Nahrung. In guten Zeiten waren die Fleischtöpfe voll, in schlechten Zeiten blieben sie leer. Die Industrialisierung der Fleischproduktion, stetig sinkende Preise und etliche Gammelfleischskandale haben dazu geführt, dass die Wertschätzung des Fleisches stark gesunken ist. Mit dem Verfall der Agrarkultur ging aber auch die Esskultur verloren – Fleisch wird nicht mehr mit Genuss gegessen. Doch das ist kaum verwunderlich. Wie soll man ein Schweineschnitzel genießen, wenn sein Träger ein Leben unter den widrigen Bedingungen der Massenproduktion fristet und das Fleisch durch Bewegungsmangel, Turbo-Mast und schlechtes Futter wässrig und zäh ist?

Statt Qualität ist immer mehr Menge angesagt: Derzeit verzehrt ein Deutscher pro Jahr 86 Kilogramm Fleisch und Wurst, davon 53 Kilo Schwein, 17 Kilo Geflügel, 12 Kilo Rind und ein gutes Kilo Innereien. Nach Schätzungen der Welternährungsorganisation FAO werden die Züchter im Jahr 2050 weltweit doppelt so viel Fleisch wie heute herstellen – insgesamt 465 Millionen Tonnen.

Die Massenproduktion hat verschiedene Folgen: Zunächst gehört die Fleischindustrie zu den größten Wasserverbrauchern der Erde. Während in Deutschland ein durchschnittlicher Vier-Personen-Haushalt täglich mit rund 500 Litern Wasser auskommt, ist die zehnfache Menge nötig, um seinen Fleischbedarf zu produzieren. Das Wasser wird dabei zu Gülle: Ein mittlerer Mastbetrieb mit 5000 Kälbern verursacht pro Jahr rund zehn Millionen Liter. Sie landen als Dünger auf den Feldern, sickern ins Grundwasser und werden in Flüsse und Bäche gespült. Allein in die Nordsee gelangen 100.000 Tonnen Phosphate und eine Million Tonnen Nitrate, die zu einem Großteil aus der landwirtschaftlichen Tierzucht stammen. Die Folgen: Fischsterben und Algenschwemmen.

Neben Wasser sind große Mengen Energie und Futtermittel notwendig. Um ein Kilogramm Rindfleisch zu erzeugen, braucht man acht Kilo Getreide. Allein in den USA werden deshalb zwei Drittel des Getreides an Nutztiere verfüttert. Und immer mehr der inzwischen 6,5 Milliarden Menschen stellen ihre Ernährung auf fleischreiche Kost um, vor allem die aufstrebende Mittelschicht in den Schwellenländern China und Indien.

Dementsprechend beansprucht die Tierzucht über 30 Prozent der gesamten Landfläche der Erde. Besonders bedenklich: In Südamerika mussten in den letzten Jahrzehnten große Teile des Urwaldes Rinderherden und Sojaplantagen für Futtermittel weichen. Fleisch und Futtermittel werden zum größten Teil nach Europa exportiert. Allein in Brasilien wird auf 1,2 Millionen Hektar ehemaligem Regenwaldgebiet Soja angebaut. Jedes dritte Rind in Deutschland lebt davon.

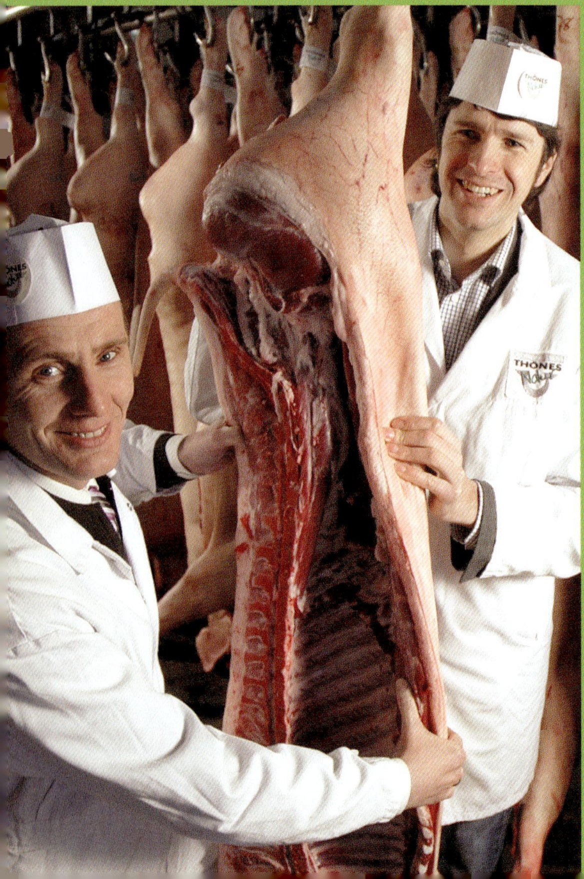

Der gigantische Bedarf an Futtermitteln für die Fleischproduktion ist mehr noch als die Gier nach Bio-Sprit die Ursache für die explodierenden Lebensmittelpreise und die zunehmende Not rund um den Globus. Insgesamt hungern derzeit über 850 Millionen Menschen. Dabei könnte die Weltbevölkerung überernährt sein angesichts einer weltweiten Rekordernte von 1,65 Milliarden Tonnen Getreide im Jahr 2007. Weil jedoch knapp die Hälfte in den Futtertrögen der Nutztiere landet, drohen 100 Millionen Menschen buchstäblich zu verhungern.

Taiwan ist ein Beispiel für viele: 1950 wurde die Bevölkerung noch mit 170 Kilogramm Getreide pro Kopf und Jahr satt. Bis 1990 versechsfachte sich der Fleisch- und Eierkonsum. Dadurch stieg der Getreidebedarf pro Kopf auf 390 Kilogramm. Während Taiwan 1950 noch Getreide exportierte, musste es 1990 74 Prozent seines Bedarfs aus dem Ausland importieren – größtenteils für Viehfutter. Brasilien wiederum ist einer der führenden Exporteure von Agrargütern – gleichzeitig leidet aufgrund schlechter Ernährung die Hälfte der Bevölkerung an Mangelerscheinungen.

Schließlich belastet der globale Viehbestand mit einem Anteil von 18 Prozent an allen Treibhausgasen das Klima, vor allem durch Stickstoffoxid- und Methan-Emissionen. Die Viehzucht ist mit über 70 Prozent die Hauptemissionsquelle von Methan. Die wenigsten machen sich solche Zusammenhänge bewusst, wenn sie ein Stück billiges Fleisch kaufen.

Salmonellen im Fleisch, BSE und Gammelfleisch zeigen schon wesentlich mehr Wirkung. Nicht zuletzt deshalb vertrauen viele dem Fachhandel, da Fleisch- und Wurstwaren beim örtlichen Metzger mehr Transparenz und Sicherheit zugeschrieben werden. So ist auch Manfred Rycken, der Präsident des Deutschen Fleischerverbandes, davon überzeugt, dass kurze Transportwege und regionale Herkunft der Schlachttiere nicht nur aus Tierschutz-Gründen vom Verbraucher erwünscht sind.

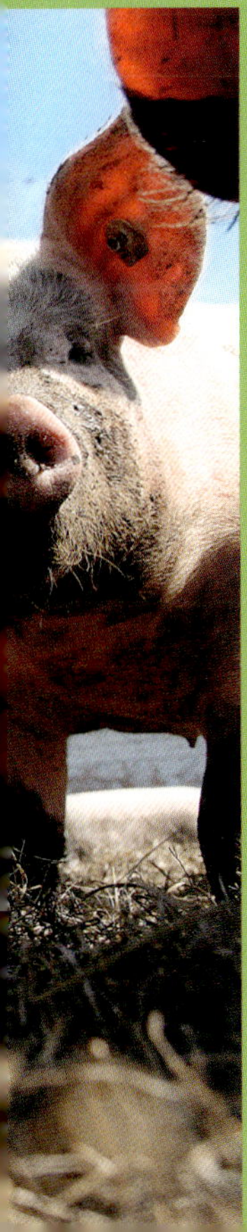

Doch die kleinen Lieferanten werden immer weiter verdrängt von einigen wenigen Schlacht-, Zerlege- und Verarbeitungsbetrieben. Die Firma Tönnies, Europas größter Fleischverarbeiter, produziert pro Tag 150.000 Schnitzel, 170.000 Koteletts und 90.000 Bratwürste. Jährlich setzt die Firma drei Milliarden Euro um. Und obwohl Tönnies an der Spitze der europäischen Fleischverarbeiter steht, sollen weitere Schlacht- und Zerlegungsbetriebe entstehen, in denen noch mehr Tiere in noch kürzerer Zeit vom lebendigen Wesen zum eingeschweißten Kotelett werden sollen. Im Sommer 2007 vereinfachte zudem die Große Koalition die Genehmigung von Massentierhaltungen. So genannte Umweltverträglichkeitsprüfungen sind in der Hennenhaltung erst ab 60.000 Tieren erforderlich und in der Ferkelmast ab 9000 Tieren. Der bislang geforderte Tierschutzbericht wurde ersatzlos gestrichen. Im Klartext: Die Regierung begünstigt Genehmigung und Bau von Massentierhaltungen. Gleichzeitig hat sie die Unterstützung für Kleinbetriebe, alternative Haltungsformen und den ökologischen Landbau gekürzt.

Glückliche Schweine: Auslauf, Suhlen und Spielen bietet nur die Bio-Schweinezucht. Die Mast dauert länger, bringt aber besseres Fleisch.

Laden um die Ecke: Vor allem kleine Metzger achten darauf, dass die Tiere aus der Region kommen. Das ist noch nicht Bio, aber ein Schritt in die richtige Richtung.

Aufgrund der Massenproduktion liegen in Deutschland bei Schweinen derzeit die Kosten bei rund 1,30 Euro für ein Kilogramm Schlachtgewicht. In Polen wird das Kilo sogar für 90 Cent erzeugt. Gegen solche Preise können bäuerliche Betriebe in Deutschland nicht bestehen. Aber vielleicht müssen sie das auch nicht. Wenn ein Umdenken beim Verbraucher stattfindet, wenn weniger, dafür aber hochwertiges Fleisch konsumiert wird, wenn nicht der Preis, sondern faire Handelsbeziehungen, Herkunftsgarantie und Regionalität wieder ausschlaggebend sind, dann haben kleine Betriebe eine Chance gegen die Fleischriesen. Wer regionale Ware kauft, unterstützt nicht nur die Produzenten und Zulieferer vor Ort, sondern leistet einen wertvollen Beitrag zur ländlichen Entwicklung.

Nachhaltiger Konsum heißt zunächst, qualitativ hochwertige Ware zu kaufen. Qualität bedeutet nicht nur Frische und Sicherheit, Geschmack und Hochwertigkeit, sondern auch Lebensqualität und Gesundheit für den Verbraucher, einen fairen Preis für den Produzenten und artgerechte Aufzucht für das Tier.

Wer gerne Fleisch isst, der sollte deshalb genau wissen, wo das Tier herkommt. Am besten ist es, das Fleisch direkt vom Bio-Bauern zu beziehen; hier werden die Tiere artgerecht gehalten, haben Auslauf im Freien und bekommen hochwertiges Futter ohne Zusatz von künstlichen Wachstumsbeschleunigern oder Antibiotika. Von der Geburt über die Aufzucht bis zur Schlachtung wird auf Regionalität Wert gelegt.

Mittlerweile ist nachgewiesen, dass Bio-Mastbetriebe sich nicht nur wesentlich stärker am Tierwohl orientieren, sondern auch verträglicher für Klima und Umwelt sind. So fallen für ein Kilogramm konventionell produziertes Rindfleisch 13,3 Kilogramm CO_2 an, für ökologisch erzeugtes nur 11,3. Ein Kilo Öko-Huhn verursacht 3,0 Kilo, fast 500 Gramm weniger als ein konventionelles. Bedenkt man, dass ein Kilo Öko-Brot nur auf 650 und ein Kilo Kartoffeln sogar nur auf 136 Gramm kommen, ist dies ein Grund mehr, den Fleischkonsum zu verringern.

Essen mit gutem Gewissen hat also auch eine Reduktion des Fleischkonsums beziehungsweise des Konsums tierischer Produkte zur Folge. Eine fleischarme oder gar vegetarische Lebensweise ist zukunftsweisend und nachhaltig. Ernährungswissenschaftler empfehlen schon lange, höchstens ein- bis zweimal die Woche Fleisch oder Wurst zu essen. Es wird Zeit, dass endlich ein Umdenken stattfindet, damit Fleisch wieder ein Festmahl werden kann und Lebensmittel wieder zu dem werden, was sie eigentlich sind: Lebens-Mittel.

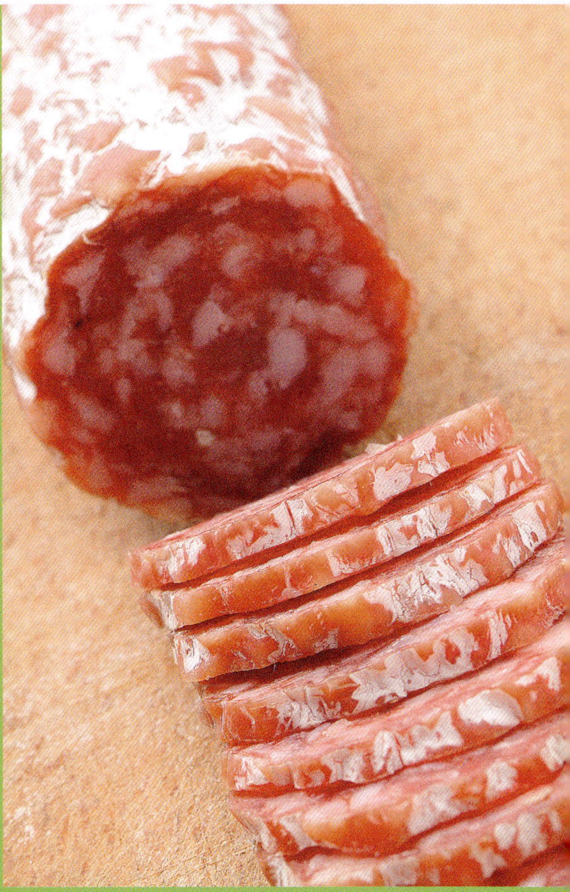

Fleisch frisst Mensch

Von der Welternährungskommission FAO über das deutsche Entwicklungshilfeministerium, von den Vereinten Nationen bis zu den höchsten Gremien der EU – überall haben Politiker und Entwicklungshelfer auf den Hunger in der Welt hingewiesen. 100 Millionen Menschen drohen zu verhungern, weil sie ihr täglich Brot nicht mehr bezahlen können. Zu den Hauptgründen der Ernährungskrise gehört der zunehmende Fleischkonsum. Um eine Kilokalorie Rindfleisch zu erzeugen, werden acht Kilokalorien Getreide verfüttert. Bei Schweinefleisch ist das Verhältnis vier zu eins, bei Hühnerfleisch drei zu eins. Je mehr die Fleischtöpfe in Industrie- und Schwellenländern gefüllt sind, desto leerer bleibt der Brotkorb in den Elendsvierteln der Welt.

MOHREN-KOEPFLE

VON CLAUS-PETER HUTTER

Schwein gehabt

IM WÜRTTEMBERGISCHEN HOHENLOHE MÄSTEN DIE BAUERN GLÜCKLICHE SCHWEINE – UND ERHALTEN GANZ NEBENBEI EINE ALTE HAUSTIERRASSE, DIE BEINAHE AUSGESTORBEN WÄRE. SIE BEKOMMEN ZUFRIEDENE VERBRAUCHER UND MACHEN GUTE GEWINNE. SOGAR DIE NATUR PROFITIERT.

Von hinten sehen die urigen Viecher aus, als würden sie schwarze Shorts tragen. Von vorn betrachtet meint man, die Schweine hätten eine schwarze Haube übers Gesicht gezogen. Man nennt sie deshalb auch Mohrenköpfle. In ihrer Suhle wälzen sich die Tiere genüsslich im kühlen Schlamm. Schon bei ihren wilden Urahnen in den Wäldern hat sich die regelmäßige Schweine-Fangopackung bewährt: Bröckelt der getrocknete Schlamm von den Borsten, fällt lästiges Ungeziefer gleich mit ab.

In der Region Hohenlohe im Nordosten Baden-Württembergs gibt es solche glücklichen Schweine, und die Sauerei, die hier auf der Weide veranstaltet wird, ist absolut vorbildlich. Die Schwäbisch-Hällischen Schweine waren nämlich fast schon ausgestorben. Der aus Hohenlohe stammende Agraringenieur Rudolf Bühler wollte jedoch nicht mit ansehen, wie eine alte bewährte Landrasse so einfach verschwindet. Bühler machte sich mit wenigen Gleichgesinnten daran, die letzten Exemplare des Schwäbisch-Hällischen Schweins aufzustöbern. Gerade mal sieben Tiere waren im Raum Hohenlohe noch zu finden.

1984 gründete Bühler – von vielen anfangs milde belächelt – die Bäuerliche Erzeugergemeinschaft Schwäbisch Hall. Was als Rettungsversuch für eine vom Aussterben bedrohte Schweinerasse begann, wurde schon bald zum Vorzeigeprojekt und Erfolgsmodell. Heute sind rund 950 Betriebe angeschlossen und über 250 Leute beschäftigt.

Schon früh hat die Erzeugergemeinschaft das Prinzip der Transparenz und der offenen Höfe verfolgt. Wer sich in die Hohenloher Lande aufmacht und einen Blick in Herkunft, Haltung und Fütterung der Schwäbisch-Hällischen Schweine wirft, wird schnell die großen Unterschiede zur industriellen Massentierhaltung entdecken – Unterschiede, die man schmecken kann. Das Fleisch eines Schwäbisch-Hällischen Landschweins ist fest, etwas dunkler und hält aufgrund seiner gesunden Zellstruktur den Saft sehr gut. Zuerst waren es Topgastronomen, welche die besonderen Vorzüge des Schwäbisch-Hällischen Landschweins entdeckten. Vincent Klink (Wielandshöhe Stuttgart): »Dieses Fleisch kann ich meinen Gästen mit gutem Gewissen vorsetzen.«

Grundlagen der tollen Fleischqualität sind Haltung, Fütterung und Zucht. So leben Schwäbisch-Hällische Landschweine artgerecht. Die Ställe sind hell, luftig und mit Stroh ausgestreut. Längst nicht alle angeschlossenen Bauern wirtschaften als anerkannte Bio-Betriebe. »In wesentlichen Bereichen sind unsere Kriterien jedoch viel strenger als die der Bio-Verbände«, betont Rudolf Bühler. Während der Mast bekommen die Schweine betriebseigenes Getreide mit Vitaminen, Futterkalk und Eiweißergänzung aus Erbsen- oder Bohnenschrot. Nur Futter aus der Region darf hinzugekauft werden. Masthilfsstoffe sind absolut verboten. Auch der Einsatz von pharmazeutischen Beruhigungsmitteln zu prophylaktischen oder therapeutischen Zwecken ist tabu. Ebenso gentechnisch manipulierte Futtermittel oder Futterbestandteile. Alle Mitgliedsbetriebe liefern ihre Schlachtschweine selbst beim Schlachthof Schwäbisch Hall an, den hat die Erzeugergemeinschaft in die Eigenregie genommen, um kurze Transportwege zu garantieren und Tierleid zu vermeiden. Die Erzeugergemeinschaft und ihr Verband Ecoland haben klare Vorgaben gegeben: Verladung und Transport der Tiere dürfen höchstens eine Stunde dauern. Die Schlachtung erfolgt dann ausschließlich in Eigenregie der Bäuerlichen Erzeugergemeinschaft Schwäbisch Hall.

Seit 1998 ist das Schwäbisch-Hällische Qualitätsschweinefleisch eine EU-geschützte Herkunftsbezeichnung. Da die Erzeugergemeinschaft den Aufzuchtbetrieben die Organisation tierärztlicher Betreuung ebenso abnimmt wie Marketing und Vertrieb, haben viele Besitzer ehemaliger Hofstätten, die in Heilbronn oder Stuttgart arbeiten, wieder als Nebenerwerbsbauern begonnen. Dies hilft, die Landflucht zu stoppen und die Identifikation mit dem Heimatraum zu stärken.

Auf dieses Erfolgsmodell ist auch der Lebensmittelriese Unilever aufmerksam geworden. Für seine Premium-Wurstprodukte »Du darfst« bezieht der Konzern sein Fleisch ausschließlich von der Bäuerlichen Erzeugergemeinschaft. Zwar dürfen auch normale Landrassen geliefert werden; jedoch gelten bei dem von der Stiftung Euronatur begleiteten Projekt dieselben strengen Kriterien für Haltung und Fütterung. Nur beim Transport zum Schlachthof sind zwei Stunden zugelassen.

Wie eng bäuerliches Wirtschaften mit der Kulturlandschaft zusammenhängt, zeigt sich rings um Schwäbisch Hall an vielen Orten im Jagst- und Kochertal. Viele malerische Hänge sind verbuscht, seit die Heugewinnung oder der Weidebetrieb aufgegeben worden sind. Statt wie viele andere Bauern zu lamentieren und schließlich zu resignieren, wagten Bühler und Co. einen neuen Schritt. Man entschloss sich, Landschaftspflege und Produktion nach alter Väter Sitte wieder zusammenzubringen. Das Ergebnis: Seit 1999 gibt es nicht nur in Edeka-Märkten in Deutschlands Südwesten Fleisch vom Hohenloher Weiderind, sondern zugleich haben Baumpieper, Schlingnatter und Segelfalter mit den wieder entstandenen blütenreichen Wiesen und Weiden eine neue Zukunftschance und der Tourismus eine wieder attraktive Kulturlandschaft als Basis.

Vater des Erfolgs: Rudolf Bühler rettete das Schwäbisch-Hällische Landschwein vor dem Aussterben.

Wo es die leckeren Schnitzel gibt

Der Regionalmarkt Hohenlohe in Wolpertshausen, erst seit einem Jahr eröffnet, ist schon zur Kultstätte für Kenner und Liebhaber des Hällischen Landschweins geworden. Der Bauernmarkt Schwäbisch Hall, die Bauernmarkthalle und die Markthalle Stuttgart führen Wurst, Schweine-, Lamm- und Rindfleisch der Erzeugergemeinschaft, die als Spezialität »Bœuf de Hohenlohe« und »Hohenloher Lamm« anbietet. Über 200 Fleischerfachgeschäfte und rund 100 Hotels und Gaststätten werden aus Schwäbisch Hall beliefert – vom »Schinderhannes Bistrorante« in Belgien über das Weinhaus »Tante Emma« in Düsseldorf bis zum «Schloss der Künste« in Friedrichshafen. Alle Adressen unter *www.besh.de*

HERR-MANNS-DORFER

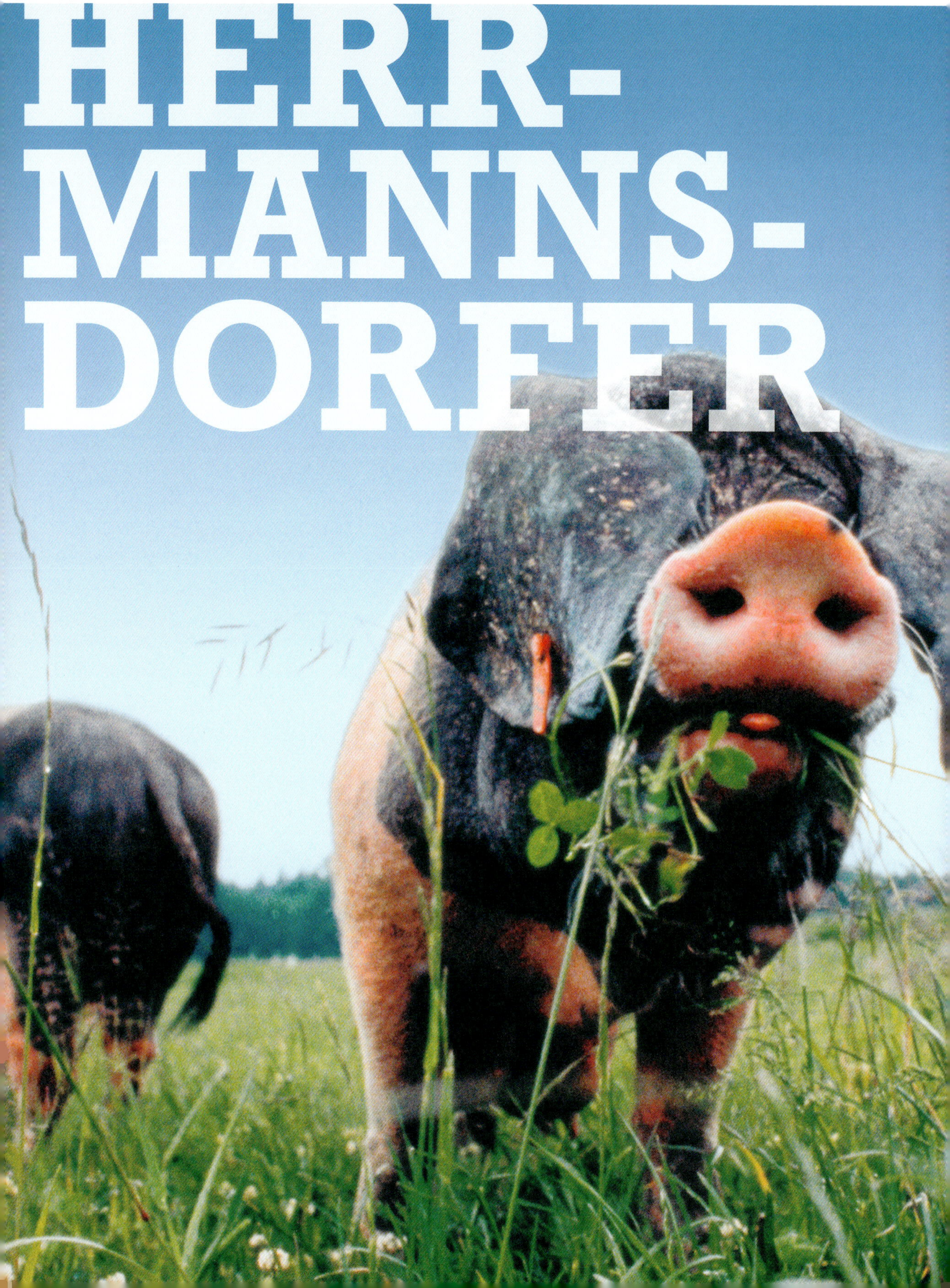

VON GEORG ETSCHEIT

Das Schweineparadies

KLASSE STATT MASSE: DIE HERRMANNSDORFER LANDWERKSTÄTTEN PRODUZIEREN BIO-FLEISCH HÖCHSTER QUALITÄT. DAS HAT SEINEN PREIS. DOCH DAFÜR ERHALTEN DIE KUNDEN EINEN GESCHMACKLICHEN UND ETHISCHEN MEHRWERT. UND DIE TIERE EIN LEBEN, DAS DIESEN NAMEN VERDIENT.

Schweine, überall nur Schweine. Im Gasthaus zum Herrmannsdorfer Schweinsbräu turnen sie in Bronze auf dem Treppengeländer, sitzen als Holzskulpturen auf den dicken Holzbalken, die die Decke tragen, oder hängen als bunte Gemälde an den Wänden. Das Etikett des selbst gebrauten Bieres ziert eine rosa Sau mit Perlenkette um den fleischigen Hals. Und auf der Speisekarte des Gourmetrestaurants findet man, immer ganz oben, einen leckeren Braten »von unseren glücklichen Schweinen«.

Leibhaftig tummeln sich die Tiere im »Schweinedorf« hinter dem Gasthaus, das längst eine Attraktion für Gäste der Herrmannsdorfer Landwerkstätten geworden ist. Wenn Schweine glücklich sein können, hier sollten sie es sein. Die Tiere haben geräumige, mit Stroh gepolsterte Ställe, ein Auslaufgehege und eine große Suhlgrube, in der sie sich nach Herzenslust wälzen können – und die kleinen Ferkel dürfen sich in aller Ruhe an den Zitzen ihrer Mutter gütlich tun. Kein Vergleich zu den Haltungsbedingungen in der industriellen Schweinezucht, wo die Tiere in engen Boxen auf »Spaltböden« eingepfercht einem frühen Tod entgegensehen.

»Tierschutz ist uns ein Herzensanliegen«, sagt Karl Schweisfurth, der an der Tür zu seinem Büro in Herrmannsdorf »Unternehmer« stehen hat, aber eigentlich ein Landwirt ist. Der 48-Jährige ist eines von drei Kindern von Karl-Ludwig Schweisfurth, dem vielleicht bekanntesten Öko-Aussteiger der Republik. Bevor sich der heute 78-Jährige vom Saulus zum Paulus wandelte, war Schweisfurth Besitzer der größten Fleischfabrik Europas. Wie man aus einem kleinen Metzgerladen einen Großkonzern macht, hatte er sich in den USA abgeschaut. Doch nicht zuletzt durch seine Kinder kamen dem Fleischbaron aus Nordrhein-Westfalen Zweifel am industriellen Umgang mit Tieren. 1984 verkaufte er sein Unternehmen »Herta« und gründete in Glonn bei München die Herrmannsdorfer Landwerkstätten, einen Vorzeigebetrieb für ökologische Landwirtschaft mit Schweinezucht, eigener Metzgerei, Käserei, Bäckerei und Brauerei inklusive Hofladen, Biergarten und einem inzwischen weithin bekannten Gasthaus. »Mir war schlagartig klar geworden, dass Fleisch von gequälten Tieren keine lebensfördernde

Nahrung für uns Menschen sein kann«, sagt Schweisfurth. 1996 übergab er den Hof seinem Sohn Karl, während Sohn Georg daranging, mit der Öko-Supermarktkette »Basic« den deutschen Bio-Handel aufzumischen.

Heute ist Herrmannsdorf das Zentrum eines regionalen Netzwerkes von Öko-Bauern. Zur Eigenzucht kommen 80 Bio-Landwirte aus der Umgebung, die neben Getreide und Milch vor allem Schlachttiere liefern, die nach den strengen Herrmannsdorfer Richtlinien aufgezogen wurden: Rinder, Schweine, Kälber und Ziegen. Denn über eines darf die Herrmannsdorfer Idylle nicht hinwegtäuschen: Die Tiere landen irgendwann auf den Tellern der Kunden. Herrmannsdorf ist kein Zoo, sondern ein landwirtschaftlicher Zucht- und Verarbeitungsbetrieb, wenn auch ein ganz besonderer. »Wir töten die Tiere – aber vorher sollen sie ein schönes Leben gehabt haben«, sagt Karl Schweisfurth.

»Lebens-Mittel« – der Bindestrich ist den Schweisfurths wichtig – in höchster Qualität herzustellen, ist das Ziel der etwa 120 Mitarbeiter. Dazu wurden eigene, strenge Qualitätsrichtlinien erlassen. Herrmannsdorfer »Bio« unterscheidet sich deutlich von Standard-Bio nach der EU-Öko-Verordnung oder den Richtlinien der Anbauverbände wie Bioland und Naturland. So stehen in Herrmannsdorfer Ställen keine schnellwüchsigen Hochleistungsrassen, sondern nur alte Qualitätsrassen wie das Schwäbisch-Hällische oder das »Duroc«-Schwein. Die Tiere haben mehr Auslauf als Schweine beim normalen Bio-Bauern und bekommen neben Getreide auch Grünfutter und Silage in den Trog. In

Herrmannsdorf wird jetzt sogar die aufwändige Weidehaltung von Schweinen praktiziert. Besonders lange Mastzeiten gelten nicht nur für Herrmannsdorfer Schweine, sondern auch für Bullen und Färsen, wie junge Kühe genannt werden. »Langsam gewachsenes Fleisch mit einer schönen Fettmarmorierung ist viel schmackhafter als Turbofleisch«, sagt Schweisfurth. Allerdings sei gerade die letzte Phase einer solchen Zucht besonders teuer. Weil man im Schlachthof die gute Arbeit des Bauern schnell wieder ruinieren könne, wird in Herrmannsdorf darauf geachtet, dass die Tiere vor ihrem Tod nicht in Stress geraten. »Stresshormone beeinträchtigen die Fleischqualität.«

Natürlich hat ein solch verantwortungsbewusster Umgang mit Lebens-Mitteln seinen Preis. Herrmannsdorfer Fleisch ist bis zu 150 Prozent teurer als Fleisch aus konventioneller Produktion. Den geschmacklichen und ethischen Mehrwert verdeutlicht der »Bauern-Fair-Taler«: Der steht für ein Abkommen mit den Bauern, denen Herrmannsdorf für ihre Mehrarbeit »faire« Preise bietet. Preise, die dann letztlich die Verbraucher zahlen müssen. Weniger Fleisch, dafür von höchster Bio-Qualität, weniger Filet, dafür gleichermaßen wohlschmeckende Teile, weniger aufwändig verarbeitete Produkte und ein bewusster Einkauf: Das ist, frei nach dem Motto »Klasse statt Masse«, die Vision der Schweisfurths. Dann nämlich würden die Ausgaben für Lebensmittel kaum höher sein als heute beim Einkauf im Supermarkt. Und der Vorwurf, Bio sei nur etwas für Reiche, würde wohl Lügen gestraft.

Schweine mit Auslauf, Schlachterei am Hof, Vermarktung in der Region: Damit haben die Herrmannsdorfer Erfolg.

Basic

Unter dem Motto »Bio für alle« ging 1998 der erste »Basic«-Bio-Supermarkt in München an den Start. Einer der Gründer war Georg Schweisfurth, Sohn des Öko-Pioniers Karl-Ludwig Schweisfurth. Mit trendigem Styling und einem umfassenden Sortiment sollten die Geschäfte eine neue Kundenschicht für Bio gewinnen und die Branche vom Schrumpelmöhren-Image befreien. Basic wurde zur Erfolgsgeschichte mit mittlerweile 30 Läden in Deutschland und Österreich. Einen Rückschlag brachte 2007 der Streit um den Einstieg des Discounters Lidl. Kunden und Lieferanten protestierten gegen den Deal – unter anderem stoppten die Herrmannsdorfer Landwerkstätten die Belieferung von Basic-Läden. Ende 2007 gab Basic die Trennung von Lidl bekannt. Und seither geht es mit den Geschäften wieder steil bergauf.

THOENES NATUR-VERBUND

VON GEORG ETSCHEIT

Fair zu Mensch und Tier

NUR WENN TIERE (UND MENSCHEN) GUT BEHANDELT WERDEN, KANN FLEISCH UND WURST BESTER QUALITÄT ENTSTEHEN. DAS IST DIE PHILOSOPHIE DES THÖNES NATUR-VERBUNDES. JENSEITS VON PREISDRUCK UND FLEISCHSKANDALEN HAT DER VERBAND MIT SEINER PHILOSOPHIE ERFOLG.

Beim Metzger gibt's alles, was mit Fleisch zu tun hat: Rinderfilet, gut abgehangen, Schweinekotelett, schön durchwachsen, Aufschnitt fürs Frühstück oder Leberkäsbrötchen für den kleinen Hunger zwischendurch. Aber geistige Kost? Die beschränkt sich in der Regel auf Broschüren des Fleischereifachverbandes, die an der Theke ausliegen.

Anders bei Metzger Stracke in Düsseldorf. Der lädt schon mal in seiner kleinen Wurstküche zum »Philosophischen Imbiss«. Dann können die Kunden mit einem habilitierten Philosophen erörtern, ob Tiere Bewusstsein und Menschen das moralische Recht haben, Tiere zu töten. Und wie sich das alles mit dem Phänomen des Genießens verträgt.

Bei Metzger Stracke ist vieles anders. Denn Stracke ist Bio-Metzger und gehört dem Thönes Natur-Verbund an, einer in Deutschland einmaligen »Wertegemeinschaft« selbständiger Landwirte, Schlachter und handwerklicher Metzger. Der Thönes Natur-Verbund will nur Fleisch und Fleischprodukte höchster Qualität und besten Geschmacks produzieren. Deshalb werden Tiere vor ihrem Tod gut behandelt. Bauern haben ein Auskommen, und Schlachter beherrschen ihr Handwerk. Die eigentlich simple Botschaft lautet: Man muss sich nicht den Gesetzen des Marktes beugen, die Fleisch zum spottbilligen Massenprodukt machen. Man kann neue, eigene Regeln setzen und dem Teufelskreis von Preisdruck, sinkender Qualität und Vernichtung alter Handwerkstradition entweichen. »Wir machen unseren Markt selbst«, sagt Udo Jöbkes, der zusammen mit Thomas Thönes, dem Sohn des Gründers Egidius Thönes, den Thönes Natur-Verbund leitet.

Der Verbund wurde 1988 aus der Taufe gehoben. Heute gehören ihm 300 Haupt- und Nebenerwerbslandwirte im Rheinland sowie in der Region Müritz in der Mecklenburgischen Schweiz an. Sie erzeugen Schweine, Rinder, Kälber, Puten und Poularden. Über 100 Metzgereien und andere Verkaufspartner im Rheinland und in Berlin verkaufen die Produkte. Im Mittelpunkt des Netzwerkes stehen die beiden Schlachthöfe in

Wachtendonk am Niederrhein und Bollewick an der Müritz, mit rund 70 Angestellten. Zwei Drittel des Fleisches sind mittlerweile Bio-zertifiziert.

»Fairness, Klarheit, bester Geschmack« – das sind die drei Säulen, auf denen die Philosophie des Verbundes ruht. Die Forderung nach Fairness betrifft Menschen und Tiere gleichermaßen. Fairness gegenüber den Tieren bedeutet, sie artgerecht zu halten und zu mästen. Schweine beispielsweise werden auf Stroh gehalten und nicht auf Spaltböden. Turbo-Zucht, bei der die Tiere in wenigen Monaten mit Kraftfutter zur Schlachtreife gemästet werden, gibt es bei Thönes nicht. Viele Rinderzüchter im Natur-Verbund praktizieren Mutterkuhhaltung. Dabei nimmt das Kalb mit der Muttermilch Immunstoffe auf, die es vor Krankheiten schützen. Antibiotika werden dadurch überflüssig. Fair zu den Tieren sein bedeutet auch, lange Transporte und Stress zu vermeiden. Die Tiere werden nicht »just in time« angeliefert, sondern am Abend vorher und können bis zu ihrem Tod ruhen. Damit werden Stresshormone im Fleisch vermieden, die die Arbeit der Bauern in wenigen Sekunden zunichte machen.

Für die Bauern wiederum bedeutet Fairness, dass sie für ihr Qualitätsfleisch deutlich höhere Preise und feste Abnahmegarantien erhalten. »Wir sorgen rechtzeitig dafür, dass der Landwirt keinen ökonomischen Grund hat, sich regelwidrig zu verhalten«, sagt Jöbkes. Fair behandelt werden auch die Angestellten der beiden Schlachthöfe. Akkordkolonnen aus Osteuropa, die zu Dumpinglöhnen schuften, gibt es hier nicht. »Unsere festangestellten Mitarbeiter haben ein Gefühl für die schonende Schlachtung und ein Auge für Qualitätsnuancen, die unsere Kunden gut belohnen.« Was nicht sofort ausgeliefert werden kann, wird in der eigenen Wurstküche zu rund 50 Wurstspezialitäten verarbeitet. Natürlich ohne Chemie.

»Klarheit« wird im Natur-Verbund ebenfalls großgeschrieben. Transparenz beginnt im Bauernhof, der seine gesamte Wirtschaftsweise offenlegen muss und auch unangemeldete Kontrollen zu gewärtigen hat, geht weiter im Schlachthof, wo man die Schweinebuchten live im Internet beobachten kann, und endet in der Metzgerei. Dort liegt ein Bauernbuch aus, in dem jeder einzelne Landwirt vorgestellt wird. »Der Bauer ist für uns kein Lieferant, sondern eine Persönlichkeit«, sagt Jöbkes.

Der Preis für Qualitätsfleisch des Natur-Verbundes ist doppelt so hoch wie der von konventionellem Fleisch. Doch Absatzprobleme gibt es nicht, sagt Jöbkes. Die Kunden wissen, dass zur Philosophie des Natur-Verbundes eine verantwortungsvolle Ernährung gehört. Und ein Nachsinnen über die ethischen Hintergründe des Fleischkonsums. »Wir beschränken uns selbst bei Konsum und Erzeugung und pflegen die neue Kultur der Ausgewogenheit mit Leidenschaft.« Die Mengen, die Thönes in seinem Stammgebiet im Rheinland und in Berlin umsetzt, sind überschaubar. Pro Woche werden 600 Schweine geschlachtet; so viele wie bei den Großen der Branche in einer Stunde.

Eigene Schlachterei: Kurze Transportwege verringern die Belastung der Tiere und sorgen dafür, dass Schweine und Rinder keine Stresshormone ausschütten.

Vom Leid der Nutztiere

»Haben Tiere Bewusstsein?« »Nein«, lautet die Antwort des Philosophen Hans-Ulrich Baumgarten. Tiere wissen nicht um ihre eigene Existenz und insbesondere nicht, dass sie sterben müssen. Ein bewusstes »Nichtsterbenwollen« der Tiere sei aber die Voraussetzung für ein moralisches Tötungsverbot. Anders verhalte es sich, wenn es darum gehe, ob Tiere leiden können. »Ja«, lautet diesmal die Antwort des Philosophen. »Tiere wollen nicht leiden, auch wenn sie von diesem ihrem Willen nichts wissen. Deswegen seien die Menschen moralisch verpflichtet, stellvertretend für die Tiere deren Anspruch auf ein leidfreies und damit artgerechtes Leben zu ermöglichen.«

Fisch

Gut geregelte Fangquoten: Die norwegischen Gewässer – im Bild die Lofoten – gehören zu den wenigen auf der Welt, in denen der Fischfang ausreichend begrenzt wird.

VON HORST HAMM

Die Weltmeere sind überfischt, die meisten Bestände bedroht. Deshalb sind Fangquoten notwendig, die es den Fischbeständen ermöglichen, sich zu erholen. Falls dies nicht gelingt, könnte eine Milliarde Menschen, die ihren Eiweißbedarf mit den Früchten des Meeres deckt, ihre Nahrungsgrundlage verlieren. Ein Lichtblick ist das MSC-Zeichen. Es will Fischen wie auch Fischern das Überleben sichern.

Und Gott sprach: Es sollen die Wasser wimmeln vom Gewimmel lebender Wesen.« So steht es in der Schöpfungsgeschichte *(Genesis 1,20),* und entsprechend der biblischen Niederschrift galt der Reichtum der Meere als unerschöpflich. Jahrtausende haben die Menschen Fische und Meerestiere gefangen, um davon zu leben. Noch in den 50er und 60er Jahren des letzten Jahrhunderts musste ein Fischer nur sein Netz auswerfen – und ein guter Fang war ihm fast gewiss. Doch seit 1970 hat sich weltweit die Kapazität der Fischereiflotte verdoppelt. Moderne Trawler, die mit Echolot und Radar auf Jagd gehen, orten Fischschwärme, wo immer sie sich gerade befinden. Sie navigieren mit Hilfe von Satelliten und werden von Hubschraubern dorthin gelotst, wo ein Fang lukrativ erscheint. Auf Monitoren können die Hightech-Fischer mittlerweile den Meeresboden beobachten – und alles, was sich über ihm bewegt. Die Folge: Die jährliche Fangquote stieg von etwa 20 Millionen Tonnen Fisch nach dem Ende des Zweiten Weltkriegs auf 90 Millionen Tonnen im Jahr 1990. Doch trotz bester Ausrüstung und modernstem Jagdgerät lassen sich die Fangquoten seither praktisch nicht mehr steigern. Im Gegenteil: Nachdem sie in den 90er Jahren zunächst auf hohem Niveau zwischen 90 und 100 Millionen Tonnen stagnierten, nehmen sie seit Jahren kontinuierlich ab: um ungefähr eine halbe Million Tonnen pro Jahr. »Diese Abnahme wird sich wahrscheinlich beschleunigen«, sagt Daniel Pauly, der Leiter des Fischerei-Zentrums der Universität British-Columbia in Kanada. Sie ist »das Ergebnis von politisch festgelegten Fangquoten und einer insgesamt verfehlten Politik«.

Weil die Fangmengen viel zu hoch angesetzt wurden, sind fast überall auf der Welt die Fischbestände dramatisch zurückgegangen. Die Welternährungsorganisation FAO schätzt, dass drei Viertel aller kommerziell gehandelten Arten maximal genutzt, überfischt oder bereits zusammengebrochen sind. Bekanntestes Beispiel sind die Kabeljaubestände vor der Ostküste Kanadas. Anfang der 90er Jahre hatte die kanadische Regierung die Kabeljaufischerei verboten, weil die Bestände um 90 Prozent zurückgegangen waren. 40.000 Fischer haben seinerzeit in Neufundland ihre Existenzgrundlage verloren. Geholfen hat das Fangverbot bislang wenig. Denn der Kabeljau braucht in den kalten Gewässern vor Kanada fast 15 Jahre, bis er geschlechtsreif ist.

Bereits 1977 wurden der uneingeschränkten Fischerei erste rechtliche Grenzen gesetzt: Die Staatengemeinschaft führte die so genannte 200-Meilen-Zone ein, eine Sperrzone von der Küste zur offenen See, die als staatliches Hoheitsgebiet gilt. Dort dürfen offiziell nur einheimische Fischer und diejenigen, die eine Lizenz haben, ihre Netze auswerfen. Mit dieser Schutzzone und einem guten Fisch-Management haben es zum Beispiel Norwegen und Island geschafft, ihre Bestände zu stabilisieren.

Doch derartige Erfolge können die wenigsten Länder vorweisen. Weil etwa die EU seit Jahren den Fangflotten in Europa weit höhere Fangquoten einräumt, als die eigenen Gewässer vertragen, gehen die Bestände vor Ort zurück. Deshalb hat die EU um die Jahrtausendwende 26 Fischereiabkommen mit anderen Ländern abgeschlossen, um deren Gewässer für EU-Schiffe zu öffnen – 17 davon mit Entwicklungsländern, insbesondere in Westafrika. In den Abkommen sind keine Fangmengen festgelegt, es wurde lediglich einer bestimmten Zahl von Schiffen für eine bestimmte Zeit das Fangrecht gegeben. »Die Größe der Schiffe wird bewusst nicht erwähnt«, kritisiert Daniel Pauly, »und so kommt es, dass beispielsweise vor Mauretanien die größten Trawler der Welt fischen. Das ist Betrug, der von der EU wissentlich betrieben wird. Und es ist das Gegenteil von Entwicklungshilfe.« Auf diese Weise trägt die EU dazu bei, den Hunger in Afrika zu verstärken. Denn obwohl große Fischereischiffe nicht mehr als ein Prozent der weltweiten Fischfangflotte ausmachen, schöpfen sie 50 bis 60 Prozent des Ertrags ab. Beuten diese großen Schiffe nun einen Küstenabschnitt aus, haben die kleinen Küstenfischer das Nachsehen. Statt zehn oder 20 Kilo Fisch pro Nacht gehen dann vielleicht nur noch zwei oder drei Kilo ins Netz.

Die Fangflotten plündern aber nicht nur fremde Gewässer, sie suchen auch in immer tieferen Jagdgründen nach Fisch und arbeiten mit immer rabiateren Methoden: Die Stahlseile, die in der modernen Tiefseefischerei verwendet werden, haben verheerende Auswirkungen. Sie werden mit Gewichten beschwert und in Tiefen von bis zu 4000 Metern über den Meeresboden gezogen. »Das ist in etwa so, als walze man einen Wald nieder, um die dort lebenden Rehe zu erledigen«, kritisiert der Meeresbiologe Michael Stachowitch von der Universität Wien.

Aber was hilft angesichts weltweit schwindender Bestände? Der WWF hat gemeinsam mit dem Unilever-Konzern, der mit der Marke Iglo Marktführer bei Tiefkühlfisch war, bereits 1997 den Marine Stewardship Council (MSC) als eigenständige Institution ins Leben gerufen. Der MSC vergibt – vergleichbar dem Forest Stewardship Council (FSC) im Bereich Holz – ein Umweltsiegel, das für Fische und Fischprodukte vergeben wird, die aus nachhaltig bewirtschafteten Beständen stammen. Dabei werden nicht nur verträgliche Fangquoten festgelegt. Die Lizenz wird nur vergeben, wenn

Begehrte Spezialitäten: Um den weltweiten Fischbedarf zu decken, werden jedes Jahr an die 100 Millionen Tonnen Fisch gefangen.

Shrimps statt Wälder: Wegen der Nachfrage nach Shrimps sind immer mehr Aquakulturen entstanden. An vielen tropischen Küsten mussten dafür Mangrovenwälder weichen.

Erholungspläne für die Bestände und ein Fisch-Management bestehen und gegen illegale Fischerei vorgegangen wird. In Deutschland sind erst 4,5 Prozent des angebotenen Wildfisches mit dem MSC-Siegel ausgezeichnet, weltweit sind es sieben Prozent. Das Siegel wird jedoch von Umweltverbänden wie Greenpeace kritisiert, weil es zu wenig wirkungsvolle Kriterien habe. Andererseits: Es gibt kein anderes Siegel und keine andere Initiative, die den Erhalt der Fischbestände garantieren. Von daher bleibt zu hoffen, dass möglichst viele Käufer an der Tiefkühltruhe oder Fischtheke auf das Logo des MSC achten oder danach fragen – und die Fischfänger von ihren Kunden dadurch in Richtung Nachhaltigkeit gedrängt werden.

Allein können bewusste Verbraucher das Problem jedoch nicht lösen. Dazu ist wesentlich mehr notwendig: Die Einrichtung internationaler Meeresschutzgebiete, in denen überhaupt nicht gejagt werden darf, könnte zum Beispiel gewährleisten, dass sich erschöpfte Bestände erholen könnten. Derzeit sind nur 0,7 Prozent der Meeresoberfläche vollkommen unter Schutz gestellt, und kontrolliert wird lediglich 0,1 Prozent. Notwendig wäre es aber – so hat es der World Parks Congress, eine Konferenz, den die internationale Naturschutzorganisation IUCN alle zehn Jahre veranstaltet, im Jahr 2003 vorgeschlagen –, 20 Prozent aller Ozeane komplett mit einem Fangverbot zu belegen.

Darüber hinaus gilt es, die derzeitige Subventionspolitik grundsätzlich zu überdenken: Noch immer werden mit Geldern auch der EU neue, noch bessere Schiffe gebaut, mit denen noch mehr Fisch aus den Weltmeeren abgeschöpft werden kann. Ist ein Gebiet leer gefischt, müssen die Fischer woanders fischen, wenn sie ihrer Arbeit weiter nachgehen wollen. »Dafür erhalten sie wieder Subventionen«, kritisiert Daniel Pauly. »In der Regel verringert die Fischerei laufend ihre Rendite, weil sie mit immer mehr Aufwand fischt, also ihre Kosten sich laufend erhöhen. Und Subventionen, die es den Fischern ermöglichen, den Aufwand zu erhöhen, lassen den Ertrag schließlich weiter sinken.«

Derzeit werden die rückläufigen Erträge aus den Ozeanen durch Aquakulturen ausgeglichen – vor allem durch Süßwasserfisch. Doch eine selig machende Lösung per se ist auch das nicht. Zumindest Raubfische wie Lachs, Forelle oder Dorade brauchen tierisches Eiweiß zur Fütterung. Weil seit der BSE-Krise zumindest in Europa Tiermehl als Futter verboten ist, werden die Tiere mit eigens dafür gefangenem Fisch, zum Teil auch mit Beifang gefüttert. Und weil die Tiere pro Kilogramm Körpergewicht drei- bis viermal so viel Fisch fressen, werden auch für Fischzuchten die Meere leer gefischt. Mit einer Ausnahme: Für Bio-Fisch ist nur Futter erlaubt, das in Form von Fischresten bei der Verarbeitung von Speisefisch anfällt. Weil da jedoch die Mengen limitiert sind, ist dem Wachstum von Bio-Aquakulturen eine natürliche Grenze gesetzt.

Der unerwünschte Beifang

Zum eigentlichen Fang kommt der so genannte Beifang: Viele Meerestiere bilden Lebensgemeinschaften. Sie nutzen die gleichen nährstoffreichen Gewässer oder bieten sich gegenseitig Schutz. Deshalb gehen den Fangflotten nicht nur Heringe, Heilbutt, Makrelen oder Thunfische ins Netz, die als Speisefisch sehr begehrt sind, sondern auch Delphine, Haifische, Schildkröten, fischfangende Vögel und etliche kleine und junge Fische, für die es keinen Markt gibt. Dieser Beifang geht sofort wieder über Bord – in aller Regel tot oder tödlich verletzt. Er machte in den 90er Jahren rund 30 Millionen Tonnen aus und ist inzwischen auf rund sieben Millionen Tonnen zurückgegangen, schwankt jedoch je nach Art erheblich: »Bei der tropischen Garnelenfischerei etwa übersteigen Beifang und Rückwurf den eigentlichen Fang um das Zehnfache«, sagt Fischereiexperte Daniel Pauly.

REGAL SPRINGS

VON GEORG ETSCHEIT

Der ideale Bio-Fisch

DAS INTERNATIONALE FISCHZUCHTUNTERNEHMEN REGAL SPRINGS ZÜCHTET TILAPIEN UND HILFT DER BETTELARMEN LANDBEVÖLKERUNG IN HONDURAS. MIT EINER VIERTELMILLION BÄUMEN, DIE AUF ISLAND GEPFLANZT WERDEN, SOLLEN DIE TREIBHAUSGASE DES UNTERNEHMENS NEUTRALISIERT WERDEN – DAMIT WIRD DIE GESAMTE FISCHPRODUKTION KLIMANEUTRAL.

Das Wort »Tilapien« klingt erst einmal nicht besonders appetitanregend. Ein bisschen zu wissenschaftlich, als dass man sich darunter eine schmackhafte Speise vorstellen könnte. Das sind Tilapien aber. Die exotische Fischart, vor ein paar Jahren in Deutschland noch nahezu unbekannt, taucht immer öfter in den Tiefkühlregalen der Fischgeschäfte und Supermärkte auf. Vor allem in Öko-Supermärkten. Denn Tilapien – sie gehören zur großen Familie der Buntbarsche – eignen sich gut für eine naturverträgliche Aquakultur.

Die Schweizer Firma Regal Springs zählt zu den wenigen internationalen Fischzuchtbetrieben, die vom deutschen Bio-Anbauverband Naturland zertifiziert worden sind. Das Unternehmen züchtet Tilapien in Indonesien, Mexiko und Honduras. Eben dort, wo es warm ist, denn Tilapien vertragen keine Kälte. Die Naturland-Tilapien stammen aus einem Stausee in Honduras, der eigentlich der Elektrizitätsgewinnung dient. Doch die Fische gedeihen hier prächtig in ihren schwimmenden Käfigen.

Inhaber von Regal Springs ist der Schweizer Rudi Lamprecht. Er schwört auf diese Fischart, weil sie leicht zu halten ist und gute Erträge bringt. 65.000 Tonnen im Jahr werden von den Mitarbeitern des Unternehmens abgefischt.

Ein großer Teil dieser Ernte wird in die USA exportiert. Die Amerikaner sind zwar keine großen Fischesser; sie bevorzugen ein saftiges Steak oder einen Hamburger. Doch das weiße, neutrale Fleisch der Tilapien, das nicht nach Fisch und nur ein wenig süßlich schmeckt, kommt trotzdem immer besser an in den Vereinigten Staaten.

Etwa 1000 Tonnen der honduranischen Jahresernte von 23.000 Tonnen werden nach den strengen Öko-Kriterien von Naturland produziert. Die schreiben unter anderem eine geringere Bestandsdichte in den Schwimmkäfigen vor und ökologisches Fischfutter, natürlich ohne Gen-Soja. Das Naturland-Siegel ist für Lamprecht nicht viel mehr als ein zusätzliches Verkaufsargument, vor allem für die Bio-Begeisterten deutschen Kunden. Denn er hält auch die konventionelle Zucht von Tilapien für ökologisch relativ

unproblematisch. Tilapien sind zwar Allesfresser, können aber auch vegetarisch ernährt werden. Dann muss das Fischfutter nur wenig oder überhaupt kein Fischmehl enthalten. Und das wiederum ist gut für die natürlichen Fischbestände in den strapazierten Weltmeeren. Außerdem sind Tilapien bei richtiger Haltung kaum anfällig für Krankheiten und müssen nicht mit Antibiotika behandelt werden. Lamprecht gibt zu, dass die riesigen Fischschwärme in den Zuchtkäfigen das Wasser mit ihrem Kot verschmutzen. Doch von diesem Kot ernähre sich eine kleine Welsart, die dann wiederum als Fischfutter genutzt werden könne. So schließe sich der Nahrungskreislauf.

Was die Firma Regal Springs von anderen großen Fischzüchtern unterscheidet, ist neben dem Naturland-Prädikat ihr soziales Engagement. Die Gegend um den Stausee in Honduras ist arm, »extrem arm« sogar, wie Lamprecht sagt. Die Menschen leben in kleinen Dörfern, die von Familienclans beherrscht werden. Um dort überhaupt »einen Fuß in die Tür zu bekommen«, hat Regal Springs zehn Prozent der Fischfarm den Dörfern übereignet. Die Einheimischen sind damit Partner und nicht Lohnarbeiter. Futter und Jungfische werden von dem Unternehmen zinslos finanziert. Die von den Einheimischen damit produzierten Fische kauft Regal Springs den Dörfern zum Vorzugspreis ab, um sie dann an Dritte weiterzuverkaufen. Regal Springs kümmert sich auch um eine bessere Schulbildung für die Kinder in den Dörfern rund um den See. Das Unternehmen zahlt die Honorare der Lehrer und spendiert Tausende Schulranzen und verschiedene

Schulmaterialien: Bücher, Hefte, Stifte. Auch drei medizinische Ambulanzen hat Regal Springs finanziert sowie einen Kindergarten für die eigenen Mitarbeiter. Da in der Gegend viel Holz illegal gerodet wird und der Boden dadurch zu erodieren droht, setzt sich Regal Springs auch für den Schutz des Waldes ein. »Bäume für Fisch«, lautet die Devise. »Wir pflanzen neue Bäume und überwachen die Wälder, nötigenfalls mit gemieteten Hubschraubern. Eigentlich müsste das ja die Regierung machen. Doch ihr fehlt dazu das Geld und die nötige Organisation«, sagt Lamprecht.

Der Gründer und Inhaber von Regal Springs ist studierter Landwirt. Er war längere Zeit für die UN-Welternährungsorganisation FAO in Indonesien tätig und kommt überhaupt viel herum in der Welt. Zurzeit ist Lamprecht oft in Island anzutreffen. Dort hat er 10.000 Hektar Tundra gekauft, die er in einen Wald verwandeln will. 40.000 Bäume sind schon gepflanzt, allein 2008 sollen 200.000 Bäume dazukommen. Das ist Lamprechts Beitrag zum Klimaschutz. Fachleute einer kanadischen Universität sollen ermitteln, welche Mengen des Treibhausgases Kohlendioxid im gesamten Prozess der Fischproduktion und -vermarktung anfallen. Die will er dann mit den neu aufgeforsteten Wäldern auf Island neutralisieren. »Bevor die Wikinger alles abholzten, war Island fast zur Hälfte bewaldet«, sagt Lamprecht. So könnte es auf der Insel vielleicht wieder einmal aussehen. Und das wäre dann den Tilapien zu verdanken.

Bio-Siegel von Naturland: Die Fischzuchten von Regal Springs gehören zu den wenigen auf der Welt, die zertifiziert sind.

Ökologische Aquakultur

Die ökologische Aquakultur ist der jüngste Zweig der Bio-Lebensmittelindustrie. Einer der wichtigsten Unterschiede zur konventionellen Zucht liegt in der Fütterung. Pflanzliches Futter muss nach Öko-Richtlinien erzeugt werden. Fischmehl und Fischöle sind tabu oder müssen bestimmte Kriterien einhalten. So darf bei Naturland tierisches Eiweiß nicht aus der Industriefischerei stammen. Der Verband akzeptiert nur drei Quellen für tierisches Fischfutter: Reste der Speisefischverarbeitung, Futterfische aus bestandsschonender Fischerei und Beifänge. Das sind versehentlich gefangene Meeresorganismen wie Delphine oder Robben und unerwünschte Fischarten, die sonst verletzt oder tot über Bord gehen.

DEUTSCHE SEE

VON GEORG ETSCHEIT

Mit MSC-Siegel auf Kundenfang

DIE BREMERHAVENER FISCHMANUFAKTUR DEUTSCHE SEE SETZT AUF NACHHALTIGEN FANG UND BIO-AQUAKULTUR. IN DER BRANCHE IST DAS DRINGEND NOTWENDIG, WILL MAN AUCH IN EIN PAAR JAHRZEHNTEN NOCH FISCHE VERKAUFEN.

Gibt es überhaupt noch Fisch? Diese Frage hört Peter Dill in letzter Zeit häufiger. Dill ist Geschäftsführer und Miteigentümer der Fischmanufaktur »Deutsche See« in Bremerhaven, des nach eigenen Angaben größten Anbieters von Fisch und Meeresfrüchten in Deutschland. Viele Menschen sorgen sich um die Fischgründe der Weltmeere. Ein Viertel der globalen Fischbestände gilt als überfischt oder erschöpft.

Dass sich die Verhältnisse in den einst als unerschöpflich geltenden Ozeanen nicht noch weiter verschlechtern, liegt Peter Dill am Herzen. Seit er vor etwa zehn Jahren gemeinsam mit Egbert Miebach die Firma übernahm, ist Nachhaltigkeit bei »Deutsche See« ein zentrales Thema. Das betrifft vor allem die Herkunft der Wildfänge, die weltweit immer noch zwei Drittel der gesamten Fischproduktion ausmachen. Kabeljau aus dem stark dezimierten Nordseebestand findet man bei »Deutsche See« nicht mehr im Sortiment. Stattdessen wird der beliebte und schmackhafte Raubfisch aus traditionell gut bewirtschafteten Beständen in Norwegen, Island und der westlichen Ostsee bezogen. Oder er kommt aus – biologischer – Aquakultur. Besonders gefährdete Fischarten wie den Roten Thunfisch, wegen der weltweiten Sushi-Mode stark unter Druck, hat »Deutsche See« ganz ausgelistet. »Wir greifen jetzt auf die gut gemanagten Bestände des Yellowfin-Thunfisches aus dem Indischen Ozean zurück«, sagt Dill.

Auf vielen Packungen der Bremerhavener Fischmanufaktur prangt mittlerweile das blaue Logo des Marine Stewardship Council. Der MSC mit Sitz in London ist die wichtigste Initiative zur Zertifizierung von Fisch aus nachhaltigem Fang. Sie wurde 1997 von der Umweltorganisation WWF und dem Nahrungsmittelkonzern Unilever gegründet, ist seit 1999 unabhängig und finanziert sich durch Spenden und Sponsorengelder.
Wer das MSC-Siegel – weißer Fisch auf blauem Grund – führen will, muss sich strengen Regeln unterwerfen. So darf in dem jeweiligen Meeresgebiet nur so viel Fisch gefangen werden, dass die Bestände sich wieder erholen können oder gar nicht erst gefährdet werden. Außerdem darf eine Fischerei andere Teile des Ökosystems, etwa den

Meeresboden oder Korallenriffe, nicht beeinträchtigen. Bislang hat der MSC 26 Fischereien das Recht zugesprochen, das Siegel verwenden zu dürfen. Bei »Fischereien« handelt es sich um regional begrenzte Fischgründe einzelner Arten wie den Themse-Hering, den Neuseeland-Hoki oder den Alaska-Seelachs. 41 Fischereien befinden sich derzeit in der Bewertung, weitere in einem vertraulichen Vorbewertungsstadium. Damit sind laut »Deutsche See« 42 Prozent der weltweiten Wildlachsfänge, 40 Prozent der Weißfischfänge und 18 Prozent der Hummerfänge im Programm des MSC.

Unter Umweltschützern ist die Organisation gleichwohl nicht ganz unumstritten. Greenpeace etwa hält die Anforderungen an die Zertifizierung für lasch, die zugelassenen Beifänge seien immer noch zu hoch. Außerdem werde das Siegel auch für Fänge aus überfischten Beständen vergeben, wenn ein »Erholungsprogramm« existiere. Weniger streng geht die deutsche Bio-Organisation Naturland, Vorreiter bei der Zertifizierung von Bio-Fisch aus Aquakultur, mit dem MSC ins Gericht. Naturland-Experte Stefan Bergleiter kennt die Vorwürfe der Greenpeace-Leute, hält das Label jedoch insgesamt für glaubwürdig. Für den Chef der Fischmanufaktur »Deutsche See« gibt es zum MSC-Siegel derzeit »keine Alternative«. Das MSC-Sortiment des Unternehmens auf der Basis von Hoki, Wildlachs, Alaska-Seelachs, Hering und Zander werde weiter ausgebaut, sagt Dill. »Wir streben das weltweit umfangreichste MSC-Fischsortiment aus einer Hand an.« Schon im Jahr 2001 hatte das Unternehmen Bio-Fisch-Produkte in sein

Sortiment aufgenommen. Seither ist die Nachfrage stark angestiegen. »Wir sehen im Bereich Bio-Fisch ein enormes Steigerungspotenzial«, sagt Dill.

Die »Deutsche See« bezieht Bio-Fisch und Bio-Meeresfrüchte aus ökologischen Aquakulturen, die von anerkannten Bio-Verbänden wie Naturland, Soil Association (Großbritannien), Agrior (Israel) und Debio (Norwegen) zertifiziert sind. Einer der wichtigsten Grundsätze: Bio-Fisch und Bio-Meeresfrüchte dürfen nur mit Fischresten gefüttert werden, die für den menschlichen Verzehr gefangen wurden. Fischöl oder Fischmehl aus Industriefischerei sind verboten. Genauso wie Sandaale, Sprotten, Sardinen und Anchovis, die als »minderwertige« Fischarten zur Nahrungsgrundlage vieler Speisefische gehören. Großer Wert wird in ökologischen Aquakulturen auch auf die Bestandsdichte gelegt. In einem Öko-Teich oder einem schwimmenden Korb drängen sich weitaus weniger Fische als sonst üblich. Das Fleisch etwa von Bio-Lachsen wird durch mehr Bewegungsspielraum fester und ist weniger von Fett durchsetzt.

Nachhaltigkeit wird in der »Deutschen See« aber nicht nur beim Einkauf großgeschrieben. Auch wenn die Fische oder Fischfilets die Manufaktur in Bremerhaven verlassen, geht ökologisches Handeln weiter. Besonders stolz ist die »Deutsche See« auf ihre Frischfisch-Mehrwegkiste. Die 2007 eingeführte, extrem langlebige Transportbox ist besonders praktikabel, lässt den Fisch länger frisch bleiben und trägt dazu bei, den Verbrauch von Styropor bei der Verpackung zu verringern.

Lachs mit Siegel: Die »Deutsche See« setzt auf Bio-Fisch und Wildfänge mit MSC-Label.

Nachhaltige Fischstäbchen

Fischstäbchen gehören zu den beliebtesten tiefgekühlten Fischgerichten in Deutschland. Marktführer ist die Firma Iglo, die Tausende Tonnen pro Jahr herstellt – genauere Angaben macht das Unternehmen nicht. Im Jahr 2007 prangte auf 58 Prozent des gesamten Fischsortiments und auf allen Fischstäbchen von Iglo das blaue Umweltsiegel des MSC. Daran hat auch die Übernahme des Unternehmens durch einen Finanzinvestor nichts geändert. Umwelt- und Verbraucherschützer hatten befürchtet, dass der Verkauf der Marke Iglo durch den britisch-niederländischen Lebensmittelmulti Unilever zu einer Änderung der Firmenstrategie führte. Unilever war einer der Gründer des Marine Stewardship Council für nachhaltigen Fischfang.

FROSTA

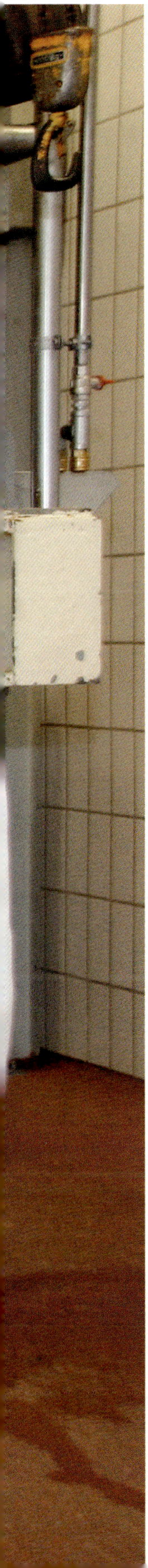

VON GEORG ETSCHEIT

Schwerer Abschied von der Retorte

DIE FIRMA FROSTA HAT ALLE ZUSATZSTOFFE AUS IHREN FERTIGGERICHTEN VERBANNT UND WÄRE DESHALB BEINAHE PLEITEGEGANGEN. BEMERKENSWERT: DAS UNTERNEHMEN, DAS FRÜHER AUSSCHLIESSLICH FISCHGERICHTE VERKAUFTE UND JETZT ALLGEMEIN AUF FERTIGGERICHTE SETZT, HAT AUCH IN DER KRISE DAS EINGESCHLAGENE KONZEPT WEITER VERFOLGT.

Oft lesen sich die Zutatenlisten auf Fertiggerichten wie Rezepturen aus dem Chemielabor: Aromen, Geschmacksverstärker, Trennmittel, Stabilisatoren, Emulgatoren, Farbstoffe ... Die Zusätze aus der Retorte sollen darüber hinwegtäuschen, dass bei der Produktion von Lebensmitteln an unverfälschten, von Natur aus wohlschmeckenden Ingredienzien gespart wurde. Nur so kann ein möglichst preiswertes Produkt angeboten werden; nur so kann die Lebensmittelindustrie dem starken Preisdruck im Lebensmittelhandel standhalten – eine konsequente Folge der »Geiz ist geil«-Mentalität.

Auch die Firma Frosta, Produzent von tiefgekühlten Fertiggerichten aus Bremerhaven, setzte auf die spottbilligen und bequemen chemischen Helfer. Irgendwann kamen dem Management jedoch Zweifel an dieser Praxis der permanenten Verbrauchertäuschung. Von einem moralischen Standpunkt gesehen, aber auch ökonomisch. Denn selbst so genannte Heavy User, also Menschen mit einer ausgeprägten Vorliebe für Fertiggerichte, griffen im Durchschnitt nur zweimal pro Monat zu einem Frosta-Tiefkühlgericht. »Offenbar lag es daran, dass alles, vom Fischgericht bis zur Gemüsepfanne, irgendwie ähnlich schmeckte und man sich schnell daran überaß«, räumt Friederike Ahlers, die Schwester des heutigen Firmeninhabers, ein, die im Unternehmen zuständig für Öffentlichkeitsarbeit ist.

Um ihre Gerichte künftig unverwechselbar zu machen, ersannen die Frosta-Leute, analog zum Qualitätsstandard deutschen Bieres, das »Reinheitsgebot«. Fortan sollte auf alle Chemie verzichtet werden. Nur noch beste, frischeste Rohwaren, die von Natur aus gut schmecken, sollten in die Frosta-Kochtöpfe und Schockfroster wandern. Und ausnahmslos alle Zutaten sollten auf der Packung ausgewiesen werden, selbst die einzelnen Inhaltsstoffe indischen Currys. »Damit gehen wir weit über die gesetzlichen Bestimmungen hinaus«, sagt Ahlers. Aber: »Frosta-Kunden wissen, was sie essen.«

2003 ging man daran, das gesamte Sortiment umzustellen und alle künstlichen Zusätze aus den Rezepten zu verbannen. Mehr als 200 dieser Stoffe wurden ermittelt und für entbehrlich erklärt. »Oft wussten wir zunächst gar nicht, was alles in den von uns verwendeten Vorprodukten enthalten war.« Denn die gesetzliche Deklarationspflicht umfasst längst nicht alle in der Lebensmittelindustrie üblichen Zusatzstoffe.

Der Umstellungsprozess war schwieriger als gedacht. Plötzlich waren Hühnereier, Lachs oder Butter ohne Farbstoffe, Salz ohne Trennhilfen, Bauchspeck ohne Nitritpökelsalz – es macht eine schöne, rote Farbe –, ungeschwefelter Wein und Sahne ohne Stabilisatoren gefragt. 25.000 Arbeitsstunden der Köche und Lebensmitteltechniker waren nötig, um die neuen Rezepturen zu entwickeln. Auch bei Fisch – der Anteil ist auf ungefähr zehn Prozent gesunken – ist Frosta wählerischer geworden. Wildlachs und Alaska-Seelachs stammen heute aus bestandserhaltenden Fischereien, die mit dem MSC-Siegel zertifiziert sind (zu diesem Siegel siehe die Einführung Fisch).

Von dem in der Branche bislang einmaligen Reinheitsgebot hatte sich Frosta eine kräftige Belebung des vor sich hin dümpelnden Geschäfts versprochen. Doch der Schuss ging zunächst nach hinten los. Denn die Kunden wollten den höheren Preis für die runderneuerten Fertiggerichte nicht akzeptieren. »Wir waren begeistert von unserer Idee und einfach zu optimistisch«, sagt Kommunikationschefin Ahlers. Der Umsatz brach um 40 Prozent ein. Würde das Unternehmen nicht den Löwenanteil seines Geschäfts mit

Zweit- und Handelsmarken machen, die nicht dem Reinheitsgebot unterliegen, wäre das möglicherweise das Ende gewesen. Besseres Marketing und ein kleiner Trick brachten zwei Jahre später die Wende zum Besseren. Die Packungen wurden um 20 Prozent verkleinert, der Preis entsprechend gesenkt, so dass er unter die psychologisch wichtige Drei-Euro-Marke rutschte. Mehr nämlich ist der übliche Supermarktkunde in der Regel nicht bereit, für eine Fertigmahlzeit zu bezahlen. Seit 2004 steigt der Umsatz wieder. Heute ist Frosta wieder Marktführer bei tiefgekühlten Fertiggerichten in Deutschland.

Die Kunden seien mittlerweile zwar sensibler für Zusatzstoffe in Lebensmitteln als noch vor ein paar Jahren, sagt Ahlers. Einfach sei das Geschäft jedoch noch immer nicht. Denn auch die Konkurrenz werbe jetzt damit, keine »künstlichen Aromazusätze« mehr zu verwenden. »Doch da ist oft nicht viel dahinter.« Wer wisse schon, dass »natürliches Aroma« Typ Himbeere auf der Basis von Holzabfällen hergestellt werden darf? Da gebe es noch viel politischen Handlungsbedarf, bis der allgemeinen Verwirrung der Kunden ein Ende bereitet sei. Einstweilen aber freut man sich bei Frosta über das dicke Lob der Organisation Foodwatch, die für mehr Transparenz in der Lebensmittelindustrie kämpft. »Lebensmittel ohne Zusatzstoff sind eine interessante und wichtige Qualitätskategorie«, sagt Foodwatch-Geschäftsführer Thilo Bode. »Insofern ist Frosta ein wichtiger Vorreiter auf diesem Gebiet.«

Gewürze statt Aromen: Paprika, Pfeffer und Salz verleihen den Produkten von Frosta ihren Geschmack. Alle künstlichen Zusätze sind dagegen tabu.

Vom Kauderwelsch der Aromen

Natürliche und künstliche Aromen sind schwer zu unterscheiden. Meist steht auf der Packung nur »Aromen«. Dahinter verbergen sich alle möglichen Stoffe. Wird etwa Vanillearoma mit Hilfe pflanzlicher oder tierischer Rohstoffe hergestellt, steht »natürliches Aroma« auf der Zutatenliste. Vanillin, das chemisch synthetisiert wird und die gleiche molekulare Struktur aufweist wie echte Vanille, wird als »naturidentisches Aroma« bezeichnet. »Künstliche Aromastoffe« wie Ethylvanillin kommen in der Natur überhaupt nicht vor. Sie sind eine Schöpfung der Chemiker. »Natürliches Vanillearoma« bedeutet, dass mindestens 90 Prozent aus der echten Vanillepflanze stammen. Noch reiner ist der »Vanillextrakt«.

Milch und Milchprodukte

Auf dem Speisezettel ganz oben: Deutschland ist nach Indien, den USA und Russland der viertgrößte Milchproduzent der Welt.

VON SILVIA LIEBERMANN

Dass Europäer als Erwachsene überhaupt Milch verdauen können, verdanken sie einer genetischen Mutation, die einige tausend Jahre zurückliegt. Milch und Milchprodukte sind heutzutage deshalb zwar sehr beliebt, aber nicht unproblematisch, weil Rinder das Klima mit Methan belasten.

Milchprodukte gehören hierzulande zu den wichtigsten Grundnahrungsmitteln. Im Jahr 2006 verzehrten die Deutschen im Durchschnitt jährlich 65 Kilogramm Milch, 17 Kilogramm Joghurt, 6,4 Kilogramm Butter, 7,7 Kilogramm Sahne sowie knapp 23 Kilogramm Käse pro Kopf. Das hat seinen Grund: Kuhmilch hat einen überaus positiven Ruf. Sie gilt als gesund und rein, als wertvoller Nährstofflieferant und Fitmacher. »Milch macht müde Männer munter«, lautete ein Werbeslogan früher. Heute soll das Getränk zu optimaler Leistung, Energie, Schönheit und Intelligenz verhelfen. Ärzte empfehlen Milch, Joghurt und Käse als wertvolle Kalziumlieferanten, und die EU fördert Schulmilchprogramme. Milch gilt als natürliches Lebensmittel. Doch negative Schlagzeilen über industrielle Produktion, artfremde Tierhaltung und gentechnisch verändertes Tierfutter stören das gute Image.

Tatsache ist: Milchprodukte enthalten zahlreiche lebenswichtige Nährstoffe. Dazu gehören Vitamin A, wichtige Vitamine der B-Gruppe sowie Kalzium, Eiweiß, Zink, Jod, Kalium, Magnesium und Milcheiweiß mit Aminosäuren. Milch hat auch einen hohen Fett- und Cholesteringehalt. Deshalb gibt es neben der Vollmilch – der natürliche Fettgehalt der Kuhmilch liegt bei 3,8 Prozent – auch die fettarme Variante mit 1,5 Prozent.

Milch macht krank – mit dieser These rüttelt eine Reihe von Kritikern am Mythos Milch. In dem Buch »Milch besser nicht« hat die Autorin Maria Rollinger die Argumente zusammengefasst. Sie erklärt, dass Kuhmilch gar kein altes, traditionelles Nahrungsmittel ist, sondern bis weit ins 19. Jahrhundert hinein fast ausschließlich zur Butter- und Käseverarbeitung genutzt wurde oder dass einige Studien den hohen Konsum von industriell produzierten Milchprodukten in westlichen Ländern mit Krankheiten wie Diabetes, Krebs und Parkinson in Zusammenhang bringen. Die Kritiker verweisen darauf, dass – außer dem Menschen – kein anderes Lebewesen im Erwachsenenalter Milch zu sich nimmt und der hohe Milchkonsum in westlichen Ländern global gesehen die Ausnahme ist. Tatsächlich vertragen 80 Prozent der Menschheit, darunter die meisten Erwachsenen in Asien, Afrika und Arabien, keinen Milchzucker. Ihnen fehlt das Enzym Laktase, das den Milchzucker Laktose aufspaltet. Auch bei etwa 15 Prozent aller Deutschen nimmt die Produktion dieses Enzyms im Laufe des Lebens ab, sie leiden unter einer Laktose-Intoleranz.

Dass die meisten erwachsenen Europäer heute Milch verdauen können, verdanken sie einer Mutation des Erbgutes, die einige Jahrtausende vor Christus in der Ostseeregion stattgefunden hatte. »Eine extrem wertvolle Mutation«, stellt Michael de Vrese von der Bundesforschungsanstalt für Ernährung und Lebensmittel fest. Die Nahrungsgrundlage war schmal, die Sonneneinstrahlung im Winter gering und die Versorgung mit Kalzium und Vitamin D sehr schlecht. »Damals war die lebenslange Fähigkeit, ein

Produkt verzehren zu können, das einen hohen ernährungsphysiologischen Wert hatte und ein guter Kalziumlieferant war, ein entscheidender Evolutionsvorteil.«

»Cora zeigt's allen«, verkündet die *Münstersche Zeitung* Anfang 2008 und schwärmt von der absoluten »Top-Kuh«. Mit einer Milchleistung von gut 16.800 Litern im Jahr hatte die Deutsche Holsteinerin alle Konkurrentinnen ihrer Heimatregion in den Schatten gestellt. Für den Landeskontrollverband Westfalen-Lippe Anlass, die Zuchtleistung des Tieres zu würdigen. Heutige Kühe sind auf Hochleistung getrimmt. Im Durchschnitt geben sie knapp 7000 Liter Milch im Jahr – das ist siebenmal so viel wie vor 100 Jahren.

Möglich wurde dies durch spezielle Züchtungen und eine Umstellung des Futters. Nur noch fünf Prozent aller Milchkühe kommen regelmäßig auf die Weide. Die meisten stehen das ganze Jahr im Stall. Am besten vertragen die wiederkäuenden Weidetiere Gras, Klee und Heu. Damit sie möglichst viel Milch produzieren, bekommen die Rinder aber immer mehr Kraftfutter aus Getreide, Soja- oder Maissilage, Rapsschrot oder Resten der Zucker- und Stärkeherstellung. Tiermehl zu verfüttern, ist seit dem Ausbruch der BSE-Seuche verboten. Zu viel Kraftfutter macht die Kühe krank. Ein Drittel der Hochleistungstiere leidet an akuten oder chronischen Entzündungen. Die Zahl der Eutererkrankungen ist seit den 60er Jahren um das Sechsfache angestiegen, die der Klauen- und Stoffwechselkrankheiten um das Dreifache. Um die Produktion zu steigern, wurde die Milchbildungsperiode immer weiter ausgedehnt. Ungefähr 310 Tage gibt eine Kuh heute Milch, bereits sechs bis acht Wochen nach der Geburt eines Kalbs wird sie erneut besamt.

Nicht nur die Kühe leiden unter den Bedingungen, sondern auch Natur und Umwelt. Eines der wichtigsten Futtermittel ist genmanipuliertes Soja. Für den Soja-Anbau werden in Brasilien und anderen Ländern riesige Regenwaldgebiete gerodet.

Hierzulande braucht beispielsweise Mais im konventionellen Anbau viel Dünger und Pestizide. Die Gewässer in Maisregionen sind deshalb häufig überdüngt. Ein weiteres Problem sind überflüssige Nährstoffe, welche die Kühe mit dem Kraftfutter aufnehmen. Die Böden übersäuern, weil die überschüssigen Nährstoffe als Mist schließlich auf den Feldern landen.

Auch in Sachen Klimabilanz sind Milch, Butter und Käse nicht unproblematisch. Denn Rinder verursachen – genau wie Schafe – als Wiederkäuer sehr viel Methan, ein Treibhausgas, das um ein Vielfaches klimaschädlicher ist als Kohlendioxid. Die meisten Klimagase verursacht Butter, gefolgt von Käse und Sahne. Um ein Kilogramm Butter herzustellen, benötigt man etwa 25 Liter Rohmilch, für ein Kilo Hartkäse etwa 10 Liter. Je höher der Fettgehalt, umso mehr Treibhausgase werden dem Produkt zugerechnet.

Bessere Preise: Bio-Milchbauern erhielten Anfang 2008 50 Cent pro Liter Milch. Ihre konventionellen Kollegen riefen bei 34 Cent zum Milchstreik auf.

Gute Haltung: Im Vergleich zu Schweinen und Hühnern haben Rinder in konventioneller Haltung vergleichsweise viel Platz und Auslauf.

Deshalb ist Butter 15-mal klimaschädlicher als Margarine. Entrahmte Milch oder fettarmer Käse schneiden entsprechend besser ab. Grundsätzlich gilt: Wer sich mit tierischen Produkten ernährt, verursacht im Vergleich zur pflanzlichen Kost 10- bis 20-mal mehr Treibhausgase. Vergleichsweise gering sind dagegen die Unterschiede zwischen biologischen und konventionellen Produkten. Bio-Lebensmittel sind zwischen 10 und 20 Prozent klimafreundlicher, weil die ökologische Landwirtschaft keinen synthetischen Dünger verwendet und der Boden durch den höheren Humusanteil mehr CO_2 binden kann.

Wer denkt, dass Milch mit Bio-Siegel ausschließlich von Weidekühen kommt, irrt. Auch ein Teil der Öko-Kühe steht im Stall, vereinzelt sogar in Anbindehaltung. Unterm Strich haben Bio-Kühe aber mehr Platz im Stall, Einstreu im Ruhebereich und ein Recht auf regelmäßigen Auslauf an der frischen Luft. Während die Kälber von konventionellen Milchkühen direkt nach der Geburt Milchaustauscher erhalten, dürfen die Öko-Kälber in den ersten drei Monaten richtige Milch trinken. Das Futter kommt aus ökologischem, gentechnikfreiem Anbau, bei dem weder synthetische Stickstoffdünger noch Pestizide verwendet werden dürfen – dies schont Böden, Gewässer und Grundwasser. Während konventionelle Kühe teilweise vorsorglich Antibiotika bekommen, dürfen Bio-Betriebe keine Medikamente als Vorbeugung verabreichen.

Nicht nur für Tiere und Umwelt, sondern auch für die Konsumenten haben Bio-Milchprodukte Vorteile: Die Milch einer Kuh, die Grünfutter zu fressen bekommt, enthält wesentlich mehr gesundheitsfördernde Omega-3-Fettsäuren und konjugierte Linolsäuren als die einer Stallkuh, die hauptsächlich Mais und Kraftfutter frisst. Bei einer Studie der Umweltorganisation Greenpeace, bei der auch die regionale Herkunft berücksichtigt wurde, schnitt Bio-Milch am besten ab, gefolgt von konventioneller Milch aus Süddeutschland. Bei einer weiteren Untersuchung von Joghurt und Butter lagen die Bio-Produkte ebenfalls vorn – sie wiesen im Schnitt mehr als doppelt so hohe Omega-3-Gehalte auf.

Auch bei Käse ist die Öko-Variante meist gesünder: Bio-Käsehersteller verzichten auf Geschmacksverstärker, auf viele Hilfsstoffe und auf das wegen seiner antibiotischen Wirkung umstrittene Konservierungsmittel Natamycin, mit dem mittlerweile fast alle konventionellen Schnittkäsesorten behandelt werden. Bio-Käse sind zudem frei von gentechnisch gewonnenem Lab-Austauschstoff Chymosin. Wer möglichst natürlich essen will, sollte also beim Griff in die Käsetheke auf ein Bio-Siegel achten.

Weltweiter Milchmarkt

Weltweit werden jährlich über 600 Millionen Tonnen Milch produziert – die meisten nicht etwa in Europa, sondern in Indien (über 90 Millionen Tonnen) und den USA (über 80 Millionen Tonnen). Deutschland ist mit über 28 Millionen Tonnen nach Russland der viertgrößte Milchproduzent der Welt. Während hierzulande die Menschen sehr viel Milch trinken, sind es in den meisten anderen Ländern vor allem Milchprodukte, die auf den Tisch kommen. Problematisch sind sie alle: weil die Rinderhaltung mit einem Anteil von rund 15 Prozent zum Treibhauseffekt beiträgt, aber auch, weil die Tiere mit enormen Mengen Soja und Getreide gefüttert werden müssen und der hohe Milchkonsum deshalb zur Ernährungskrise beiträgt.

UPLAND

VON GEORG ETSCHEIT

Aus der Region – für die Region

BIOBAUERN IM NORDHESSISCHEN UPLAND ERWECKTEN EINE STILLGELEGTE MOLKEREI ZU NEUEM LEBEN. WAS VOR ÜBER ZEHN JAHREN UNTER WIRTSCHAFTLICH SCHWIERIGEN VORZEICHEN BEGANN, ENTWICKELTE SICH ZU EINEM ERFOLGSMODELL IN SACHEN BIO-VERTRIEB.

Es ist gar nicht so lange her, da gab es noch in fast jeder größeren Landgemeinde eine Molkerei. Dort lagen der gute Quark, die Bauernbutter und der handwerklich hergestellte Käse lose oder in Schüsseln in der Theke, und aus verchromten Hähnen in der Wand wurden Milch und Buttermilch gezapft. Doch die kleinen Betriebe konnten immer weniger mit den Großmolkereien mithalten. Einer nach dem anderen machte dicht. Mit einschneidenden Folgen, nicht nur für die ländliche Kultur. Frischmilch, einst ein typisches Produkt der Region, wird heute durch ganz Deutschland gekarrt. Und den harten Konkurrenzkampf zwischen wenigen Quasi-Monopolisten bekommen vor allem die Bauern zu spüren. Ihnen werden immer niedrigere Milchpreise gleichsam diktiert. Kampfpreise, die das Überleben immer schwerer machen.

Auch vor der kleinen Molkerei in Willingen-Usseln im nordhessischen Upland machte das Molkereiensterben nicht Halt. Obwohl das Unternehmen gut zu tun hatte, wurde es von den Milchwerken Köln/Wuppertal erst geschluckt und 1995 dann geschlossen. 290 Landwirte der Region mussten seinerzeit ihre Milch, oft über weite Strecken, zu anderen Molkereien fahren.

Damals wussten einige Bäuerinnen und Bauern, die ihre Höfe nach ökologischen Richtlinien bewirtschafteten, nicht, wo sie ihre Bio-Milch verarbeiten und abpacken lassen sollten. »Ich musste meine Milch eine Zeit lang als konventionelle Ware verkaufen, weil es keine Molkerei gab, die unsere Bio-Milch abnahm«, sagt Josef Jacobi, Bio-Bauer und Umweltschützer aus Überzeugung. Jacobi ist ein stämmiger Mann mit einem Walross-Schnauzbart im Gesicht und einem großen Schädel mit einem weißen Haarkranz. Wenn sich Jacobi erregt, läuft sein Gesicht rot an. Und damals gab es wirklich Grund zur Sorge für die Upländer Bio-Bauern. Deshalb beschlossen 16 Bio-Landwirte, die sich in einer Erzeugergemeinschaft zusammengefunden hatten, ihr Schicksal in die eigenen Hände zu nehmen. Sie kauften die leer stehende Molkerei und begannen, ihre Bio-Milch selbst zu verarbeiten und zu vertreiben.

Die Finanzierung stellte die beteiligten Bio-Bauern vor eine schwierige Aufgabe. Wie sollten die kapitalschwachen Landwirte die Anfangsinvestition von seinerzeit knapp zwei Millionen Mark stemmen? Schließlich fand sich folgendes Modell: Ein Teil des Geldes stammt aus Gesellschaftsanteilen, die die beteiligten Landwirte zeichnen. Einen Teil brachte eine Aktion des Bundes für Umwelt- und Naturschutz (BUND).

Im September 1996 konnten die ersten Milchtüten der »Upländer Bauernmolkerei« abgefüllt werden. »Aus der Region, für die Region«, lautete von Beginn an der Schlachtruf der Upländer Bio-Bauern. Und die Kunden waren begeistert und griffen gerne in das breite Sortiment: Milch, Buttermilch und »Schulmilch« in verschiedenen Geschmacksrichtungen, Sahne, Butter, Quark und zwei hessische Spezialitäten: Schmand, eine dicke saure Sahne, und der kräftige Handkäs. Alles in garantierter Bio-Qualität. Die Upländer Bauernmolkerei wurde zur Erfolgsgeschichte und zu einem guten Beispiel dafür, wie man den Großmolkereien Paroli bieten kann. Heute umfasst das Einzugsgebiet Ober- und Mittelhessen, einen kleinen Teil im Osten von Nordrhein-Westfalen sowie Westthüringen. 130 Bio-Bauern – Tendenz steigend – beliefern das Unternehmen, dessen Anteile zu 75 Prozent von den Bauern gehalten werden.

Anfangs verarbeitete die Upländer Bauernmolkerei – der Betrieb ist erst ab zehn Millionen Liter pro Jahr rentabel zu führen – nur eine Million Liter Bio-Milch. Die restlichen neun Millionen Liter kamen noch aus konventionellen Milchbetrieben. Mittlerweile hat sich das Verhältnis umgekehrt. 30 Millionen Litern Bio-Milch stehen nur vier Millionen Liter konventionelle Milch gegenüber – garantiert frei von Gentechnik. Verkauft wird die Milch allerdings längst nicht mehr nur in der Region, sondern unter der Marke »Alnatura« bis nach Hamburg. »Das widerspricht ein wenig unserem ursprünglichen Konzept«, gibt Jacobi zu. »Aber wir können die Milch ja nicht wegschütten und sind froh, genug Abnehmer zu haben.« Neben regionalen Naturkostläden sind das die Einzelhandelsketten Alnatura, tegut (Hessen) und Budnikowski (Hamburg).

Als die Milchpreise im Frühjahr 2003 trotz Eigenvermarktung völlig am Boden lagen und die Existenz der Bio-Bauern gefährdet war, griffen die Landwirte erneut zur Selbsthilfe. Sie übertrugen das Konzept des »fairen Handels«, eigentlich entwickelt für Erzeugnisse aus Ländern der Dritten Welt, auf die Milch aus ihrer Heimat. Jeder Kunde sollte pro Liter freiwillig fünf Cent mehr bezahlen, um den Marktpreis aufzubessern. Die genaue Höhe dieses Obolus hatten sie zusammen mit Experten errechnet. »Wir hatten befürchtet, dass unser Umsatz wegen des Zuschlags einbricht«, sagt Jacobi. Es kam jedoch ganz anders: Der Milchabsatz stieg, und zwar um stolze 20 Prozent. Der Hilferuf der Bauern war bei den Verbrauchern angekommen. Mittlerweile ist der Milchpreis aufgrund der weltweit wachsenden Nachfrage wieder auf ein auskömmliches Niveau gestiegen. Jetzt verzichten die Bauern von der Upländer Bauernmolkerei auf den Zusatzobolus. »Wir wollen«, sagt Josef Jacobi, »ja auch fair zu unseren Kunden sein.«

Molkerei im Eigenbetrieb: Die Upländer Bauernmolkerei kommt auf 30 Millionen Liter Bio-Milch im Jahr.

Kapital für Bio-Bauern

Der BUND gründete einen Fonds für umweltbewusste Privatanleger, der in kurzer Zeit 600.000 Mark einsammelte. Um den weiteren Ausbau der Molkerei finanzieren zu können, wurde im Jahr 2001 die BioBauern Beteiligungs AG gegründet, ein Fonds für privates Beteiligungskapital. Der Fonds basiert auf einer Zusammenarbeit der Upländer Bauernmolkerei und der Bio-Molkerei Scheitz im oberbayerischen Andechs. Idee der Beteiligungsgesellschaft ist es, sich in einer zweiten Stufe auch an anderen biologisch arbeitenden Betrieben zu beteiligen. Das Geld soll zu mehr Effizienz und der Entwicklung neuer Produkte in der Branche führen.

LIFE FOO

VON GEORG ETSCHEIT

Bio-Soja aus deutschen Landen

GENTECHNIKFREIHEIT STEHT FÜR DEN BIO-TOFU-HERSTELLER LIFE FOOD GANZ OBEN AUF DER TAGESORDNUNG. DESHALB SETZT DIE FIRMA AUF DEN HEIMISCHEN SOJAANBAU. DENN IN ALLEN GROSSEN SOJA-ANBAULÄNDERN IST GEN-SOJA HEUTE EINE NORMALITÄT – UND SELBST BIO-PRODUKTE SIND DORT NICHT GARANTIERT GENTECHNIKFREI.

»Ja was isch denn des do?« Die ältere Frau, die zusammen mit ihrem Mann an dem Acker in Buggingen im Markgräflerland südlich von Freiburg vorbeiradelte, wusste nicht, was sie von dem merkwürdigen Grünzeug halten sollte. Ihr Mann schon: »Kennsch du des nit?«, fragte er in breitem Alemannisch. »Des sin doch Erbeeeri!« Leider falsch. Denn was der Mann im Brustton der Überzeugung als Erdbeeren identifizierte, waren Sojapflanzen. Und die sind immer noch ziemlich exotisch in Deutschland.

Wichtigstes heimisches Anbaugebiet für Soja, die sonst in wärmeren Gefilden gedeiht, sind Südbaden, die Südpfalz und die Bodenseeregion. Die Familie Ruesch, Bio-Bauern aus dem Markgräflerland, baut seit 1997 auf ihren Äckern auch Soja an und erinnert sich gerne an die drollige Szene mit dem radelnden Ehepaar.

Bio-Soja aus deutschen Landen: Was vor Jahren noch als aberwitzig angesehen wurde, ist längst Normalität. Zurzeit wächst in der badischen Rheinebene auf etwa 350 Hektar Soja nach den Gesetzen des ökologischen Landbaus. Mit rund 700 Tonnen, die die Ernte erbringt, kann der Freiburger Tofu-Hersteller Life Food (Markenname: Taifun) bereits rund die Hälfte seines Jahresbedarfs an der nahrhaften Bohne decken. Der Rest kommt aus einem fairen Demeter-Anbauprojekt mit brasilianischen Kleinbauern in Paraná im Süden Brasiliens. Aus mehr als 1400 Tonnen Öko-Soja entstehen pro Jahr etwa 2300 Tonnen Tofu – pur und in vielen Variationen vom Tofuwürstchen bis zum Räuchertofu. Die Life Food GmbH/Taifun-Tofuprodukte, gegründet im Jahr 1987, ist der größte Produzent für Bio-Tofu in Deutschland.

Mit dem Sojaanbau vor seiner Haustür hat der Life-Food-Mitgründer, Geschäftsführer und Gesellschafter Wolfgang Heck Pionierarbeit geleistet. Eigentlich machte er aus der Not eine Tugend, als der US-Chemiegigant Monsanto 1996 seine erste Gentech-Soja auf den Markt brachte. Heck schwante, dass da eine Gefahr auf den Naturkosthandel zurollte. Und er behielt Recht. Mittlerweile wird in allen großen Sojaanbauländern,

allen voran in den USA, in großem Stil auf genveränderte Organismen gesetzt. Selbst Bio-Soja aus den USA oder aus Kanada gilt nicht mehr als absolut sicher. Weil Bio-Kunden aber Tofu verlangen, der garantiert frei von Gentechnik ist, und die Absage an die Grüne Gentechnik in den Umweltleitlinien der Firma Life Food ganz oben steht, machte sich Heck auf die Suche nach neuen Quellen für seine Bio-Soja. »Wenn wir gentechnikfreie Lebensmittel auch in Zukunft garantieren wollen, müssen wir uns um die Erzeuger kümmern.« Dies war die Parole, die Heck ausgab. Die Leute von der Life Food GmbH überzeugten badische Öko-Bauern, es doch einmal mit der exotischen Pflanze zu versuchen. Nach anfänglichen Misserfolgen wurde daraus eine Erfolgsgeschichte.

Für die heimischen Bauern lohnt sich die Sojaproduktion. Die Hektarerträge sind gut; die Kulturpflanze hat sich als echte Alternative zu anderen Feldfrüchten bewährt. Zudem reichert Soja die Böden auf natürliche Weise mit wertvollem Stickstoff an, was gerade im biologischen Landbau – dort ist synthetischer Stickstoffdünger verboten – besonders wichtig ist. Die Bauern werden nach dem Proteingehalt der Bohnen bezahlt. Je mehr Eiweiß in den Bohnen enthalten ist, desto lauter klingelt bei ihnen die Kasse.

Damit in Taifun-Tofu wirklich keine Spur von Gensoja vorhanden ist, gibt es bei Life Food auf allen Produktionsstufen penible Kontrollen. Intern gilt ein Grenzwert, der weitaus strenger ist als die Vorschriften der EU-Öko-Verordnung. Der Anteil gentechnischer Verunreinigungen darf in den Rohwaren 0,1 Prozent nicht überschreiten. Das entspricht in etwa der derzeitigen Nachweisgrenze für gentechnische Bestandteile in Lebensmitteln. In der Europäischen Union liegt die Grenze bei 0,9 Prozent, wenn die Verunreinigung nicht vermeidbar ist – etwa durch Pollenflug von benachbarten Feldern oder belastete Transportbehälter.

Verantwortliches Handeln gegenüber Mensch und Umwelt erschöpft sich bei Life Food jedoch nicht nur in der radikalen Absage an die Gentechnik. Zur »Umweltkultur« des Unternehmens gehört auch ein fairer Umgang mit den 30 landwirtschaftlichen Produzenten, den 110 Mitarbeitern und nicht zuletzt den Kunden. Mitarbeiterbedürfnisse wie Gesundheitsschutz und soziale Absicherung sind Teil des Umweltprogramms von Life Food. »Wir sind bestrebt, die Gesamtheit aller Aktivitäten – sofern wirtschaftlich vertretbar – an ökologischen Gesichtspunkten auszurichten«, ist dort zu lesen. Die kleine Einschränkung zeigt, dass Heck und Klein nicht im ökologischen Wolkenkuckucksheim leben. Natürlich muss das Unternehmen profitabel arbeiten. Dies war bisher auch immer der Fall, denn die Bio-Tofu-Nachfrage in Deutschland und Europa wuchs ständig und wächst weiter. Nicht zuletzt wegen diverser Gammelfleischskandale. Denn noch wird Tofu in Deutschland, anders als in seiner asiatischen Herkunftsregion, vor allem als Fleischersatz geschätzt.

Exotisches aus dem Markgräflerland: Life Food kultiviert Soja in Bio-Qualität in heimischen Landen und stärkt damit die Bauern vor Ort.

2000 Jahre Tofu

Tofu kommt ursprünglich aus China und hat dort eine 2000 Jahre alte Tradition. Das Eiweißprodukt wird ähnlich hergestellt wie Käse. Dazu wird die – durch Aufkochen der gemahlenen Sojabohnen – gewonnene Sojamilch zum Gerinnen gebracht. Gerinnungsmittel sind Kalziumsulfat (natürlicher Gips) oder Magnesiumchlorid (ein Meerwasserauszug). Der verbleibende Eiweißkuchen wird abgepresst. Je stärker der Druck, desto fester der Tofu. Das weiße Basisprodukt ist relativ geschmacksfrei und wird zum Verzehr traditionell mit Sojasauce gewürzt oder zu mannigfaltigen Speisen weiterverarbeitet. Nach Deutschland kam Tofu in den 80er Jahren und wurde vor allem bei Vegetariern zur beliebten Fleischalternative – gekocht, gebraten oder im Backofen zubereitet.

Genussmittel und Gewürze

Kardamomfeld im Tigerreservat: Mitten im indischen Periyar-Tiger-Reservat werden Gewürze in Bio-Qualität für den deutschen Markt angebaut.

VON SILVIA LIEBERMANN

Egal ob Kaffee, Kakao, Tee oder Pfeffer – es sind meist Kleinbauern in den Tropen, die dafür sorgen, dass wir mit Genussmitteln versorgt werden. Ein Großteil lebt am Rande des Existenzminimums. Fairer Handel garantiert höhere Preise und fixe Abnahmemengen.

Die meisten Gewürze und Genussmittel haben eine lange Reise hinter sich, bevor sie bei uns auf dem Tisch landen: Kaffee aus Kolumbien, Tee aus Indien, Gewürze aus Sri Lanka. Jahrhundertelang galten Kolonialwaren, wie man sie damals nannte, als Luxusgüter. Sie brachten Kaufleute in den europäischen Handelsmetropolen Venedig, Amsterdam, London oder Hamburg zu Reichtum. Die Menschen in den Anbauländern konnten von ihren begehrten Rohstoffen kaum profitieren – ihnen blieb meist nur die harte Arbeit. Daran hat sich bis heute wenig geändert. Außer dass in den Industrieländern Kakao oder Pfeffer schon lange keine Luxusartikel mehr sind – sondern Massenware.

Seinen absoluten Tiefpunkt erreichte zum Beispiel der Kaffeepreis im Winter des Jahres 2001. Seit Jahren waren die Bohnen an den Terminbörsen in New York und London immer günstiger geworden. Weltweit gab es eine Überproduktion, seit neue Produzenten wie Vietnam den Markt mit billigem Kaffee überschwemmten. Die Händler rieben sich die Hände, die europäischen Verbraucher konnten sich freuen. Für die Menschen in Entwicklungsländern, vor allem in Lateinamerika, bedeutete der dramatische Preisverfall jedoch großes Leid. Die Kaffeepreise lagen zeitweise unter den Produktionskosten und trieben Millionen Kleinbauern in den Ruin. Ob Kakao, Kaffee oder Tee – viele Genussmittel kommen von Plantagen, auf denen Kinder arbeiten müssen. Besonders dramatisch ist die Situation auf westafrikanischen Kakaoplantagen. Dort verrichten nach Schätzungen des Kinderhilfswerks UNICEF rund 300.000 Kinder gefährliche Arbeiten. Sie schlagen die Felder mit Macheten frei und versprühen giftige Pestizide. In der Elfenbeinküste werden bis zu 15.000 Kinder wie Sklaven gehalten. Menschenhändler locken sie mit dem Versprechen auf eine Ausbildung und verkaufen sie an Plantagenbesitzer. Die Kinder arbeiten bis zu zwölf Stunden am Tag und sehen keine Schule von innen.

Die Chance, dass ausgerechnet in unserer Lieblingsschokolade Kakao steckt, den Kinderhände kultivieren und ernten, ist groß: Die Elfenbeinküste ist mit über 40 Prozent des globalen Umsatzes der weltgrößte Kakaoproduzent. Die großen Schokoladehersteller kaufen ihren Kakao auf dem Weltmarkt ein – und dort stammt der überwiegende Anteil von westafrikanischen Plantagen.

Nachdem die Zustände auf den Plantagen im Jahr 2001 durch Medienberichte bekannt geworden waren, ging eine Welle der Empörung um die Welt, und die westlichen Schokoladen- und Kakaohersteller unterzeichneten das so genannte »Harkin-Engel Protokoll«. Das Abkommen war auf Initiative der beiden US-Politiker Tom Harkin und Eliot Engel zustande gekommen. Darin verpflichteten sich die Unternehmen, bis zum Juni 2005 ein Zertifizierungssystem in Westafrika einzuführen, um die Kinderarbeit abzuschaffen. Doch das Ziel wurde nicht erreicht. Die Frist ist verstrichen

und musste bis zum Juli 2008 verlängert werden. Garantiert frei von Kinderarbeit sind bislang nur Produkte mit dem Fairtrade-Siegel.

Ziel des fairen Handels ist es, den Produzenten in den Entwicklungsländern gerechte und langfristige Handelsbeziehungen sowie gesicherte Mindestpreise über dem Weltmarktniveau zu garantieren. Das Geld geht direkt an die Bauern und Arbeiter, Zwischenhändler gibt es nicht. Die Zeiten, in denen man aus Solidarität bitteren Nicaragua-Kaffee trank, sind allerdings längst passé. Heute sind gutes Gewissen und Genuss kein Widerspruch mehr. Und das gute Gewissen boomt: »Fairtrade wächst auf der ganzen Welt«, berichtet Rüdiger Meyer von der Zertifizierungsorganisation Flo-Cert. Weltweit wurden im Jahr 2006 Fairtrade-Produkte im Wert von 1,6 Milliarden Euro umgesetzt. Fair gehandelte Produkte gibt es mittlerweile in rund 30.000 Supermärkten in Deutschland.

Sogar Discounter wie Lidl und Penny nahmen Fairtrade-Produkte in ihr Sortiment auf oder verkaufen sie in Sonderaktionen. Der Vorteil: Wenn große Ketten soziale Verantwortung zeigen und den Erzeugern höhere Preise garantieren, werden weit mehr Käufer erreicht als im traditionellen Verkauf über so genannte Weltläden. Großkonzerne können viel bewegen, auch wenn sie nur einen geringen Prozentsatz ihres Sortiments mit fairer Ware bestücken. Die US-Kette Starbucks zum Beispiel bezieht mittlerweile sechs Prozent ihrer Kaffeekäufe aus zertifiziertem Fairtrade-Handel – und ist damit einer der größten Einkäufer fair gehandelter Bohnen in Nordamerika.

Obwohl Fairtrade-Produkte boomen – unterm Strich profitiert nur ein kleiner Teil der Menschen im Süden von ihnen. Denn »fairer Handel« ist immer noch ein Nischen-Etikett. In Deutschland liegt der Marktanteil bei unter einem Prozent. Um die Lebensbedingungen in den Erzeugerländern im größeren Rahmen zu verbessern, müssten die Industrieländer ihre Märkte öffnen und Subventionen für ihre Landwirte abbauen.

Viele Entwicklungsländer sind vom Export einiger weniger Agrarrohstoffe abhängig. Ein niedriger Weltmarktpreis eines einzelnen Rohstoffs wie Kaffee, Kakao oder Pfeffer kann so ein ganzes Land ruinieren. Um diese Abhängigkeit zu verringern, müssten die Länder des Südens die Palette ihrer angebauten Waren erheblich erweitern, doch die Industrieländer lassen ihnen dazu kaum eine Chance. Sie verkaufen ihre stark subventionierten Agrarprodukte billig auf dem Weltmarkt und schotten sich selbst mit hohen Zöllen auf Importgüter ab. Diese Zölle sowie der Einfluss von multinationalen Unternehmen erschweren nach Einschätzung der UN-Welternährungsorganisation FAO den Entwicklungsländern den Zugang für neue Produkte.

Nicht alle fair gehandelten Produkte tragen zugleich das Bio-Siegel, aber es werden immer mehr. Zwei Drittel aller Fairtrade-Waren stammen aus ökologisch zertifiziertem

Schwerpunkt Afrika: Drei Millionen Tonnen Kakao werden jährlich produziert, ein Drittel davon an der Elfenbeinküste. Nur ein winziger Bruchteil trägt das Fairtrade-Siegel.

Begehrtes Produkt: Kaffee ist nach Erdöl das wichtigste Handelsprodukt der Welt. Die Bohnen gedeihen ausschließlich in tropischen Ländern.

Anbau – und der Anteil soll weiter steigen. Pflicht für alle Fair-Produkte sind ökologische Mindeststandards wie ein beschränkter Einsatz von Pestiziden oder der Schutz von Wasser, Wäldern und natürlichen Vegetationsgebieten.

Die meisten Genussmittel werden in extremen Monokulturen angebaut, in denen sich Schädlinge und Pflanzenkrankheiten leicht ausbreiten können. Deshalb werden hohe Mengen giftiger Pestizide versprüht. Immer wieder erleiden Plantagenarbeiter in Entwicklungsländern Vergiftungen, häufig mangelt es an Schutzkleidung und an Aufklärung im Umgang mit den Chemikalien. Kakao, Tee, Kaffee oder Gewürze aus Bio-Anbau schützen deshalb nicht nur das Ökosystem, Tiere und Böden, sondern vor allem auch die Arbeiter.

Häufig werden für Plantagen Regenwaldgebiete gerodet. Darunter leidet die Artenvielfalt, aber auch das Weltklima, da durch die Umwandlung der Waldgebiete wertvolle CO_2-Speicher verlorengehen. Auf modernen Kaffeeplantagen finden sich in der Regel kaum mehr Bäume, obwohl die Kaffeepflanze traditionell am besten zusammen mit Bananenstauden und anderen schattenspendenden Bäumen wächst. Dadurch ist mehr Dünger notwendig, die Böden sind anfällig für Erosion. Kaffee mit Bio-Siegel wird hingegen meist in Mischkultur mit tropischen Bäumen angepflanzt, die vor Sonne und Wind schützen, die Bodenerosion verhindern und Lebensraum für Vögel und kleine Säuger bieten. Kaffee aus solch umweltfreundlichen Mischkulturen wird auch als »shade grown coffee« vermarktet.

Hilfsorganisationen üben seit langem Druck auf die multinationalen Nahrungsmittelkonzerne aus, die Lebens- und Arbeitsbedingungen der Menschen in den Erzeugerländern zu verbessern. Jetzt hat die Kaffeeindustrie einen Vorstoß in Richtung Nachhaltigkeit unternommen. Nestlé, Kraft Foods, Tchibo und weitere große Konzerne haben zusammen mit Regierungen und Kaffeebauern den so genannten 4C-Kaffeekodex (Common Code for the Coffee Community) entwickelt. Dabei werden Mindeststandards wie das Verbot schlimmster Formen von Kinderarbeit, die Freiheit zu gewerkschaftlicher Organisierung und der Verzicht auf verbotene Pestizide garantiert. Fairtrade- und Öko-Verbände begrüßen zwar die Initiative für Mindeststandards, halten diese aber für zu gering. Die Rechnung gehe für die Bauern nicht auf, da sie weder eine Abnahmegarantie noch einen Preisaufschlag bekämen, kritisieren der Naturland-Verband und das Fair Handelshaus gepa.

Ob die freiwillige Initiative wirklich ein Schritt in Richtung soziale Verantwortung ist oder der Industrie nur ein ethisches Mäntelchen umhängen möchte – das wird sich erst auf längere Sicht hin zeigen.

Diktat der Warenterminbörse

Kaffee ist – nach Rohöl – das zweitwichtigste Handelsgut der Welt. Sein Preis unterliegt starken Schwankungen. Er ist abhängig vom Weltmarkt, von Börsenspekulationen und von der Ernte. Seit Jahren steigt die Nachfrage nach Kaffeebohnen zwar deutlich an und damit auch ihr Preis – im Frühjahr 2008 kostete das Pfund Kaffee an den Warenterminbörsen 1,60 US-Dollar. Doch für die Kleinbauern bedeutet das weder Sicherheit noch merklich höhere Einkünfte. Sie bekommen meist nur zwischen vier und zehn Prozent des Endpreises, den wir in den Läden bezahlen. Außerdem gab der Preis im März von einem auf den anderen Tag um 24 Prozent nach, weil Brasilien als größter Produzent eine besonders gute Kaffee-Ernte erwartete. Beim Kakao ist die Situation ähnlich: Auch hier sind die Produzenten in den Entwicklungsländern abhängig vom Weltmarktpreis.

RITTER SPORT

VON JAN FRAGEL

Süße Schokolade gegen bittere Armut

DAS FAMILIENUNTERNEHMEN RITTER SPORT STELLT TÄGLICH 2,5 MILLIONEN TAFELN SCHOKOLADE HER. EIN TEIL DES KAKAOS WIRD MITTLERWEILE ÖKOLOGISCH ANGEBAUT. IN NICARAGUA PROFITIERT EINE GANZE REGION VON RITTERS MOTTO »QUADRATISCH, PRAKTISCH, GUT«.

Waslala – in Nicaragua Synonym für »ganz weit weg«. Die Stadt mit ihren 10.000 Einwohnern liegt – umrandet von über 1000 Meter hohen Bergketten – in einem Meer aus Grün: Helles Morgengrün mischt sich mit saftigem Wiesengrün, ummantelt von üppigem Laubgrün. Jeder Sonnenstrahl lässt das Grün mal glänzen, mal schimmern, mal scheinen. Im Schatten der Bäume gedeiht der Kakao.

Nelson Vilchez, Jahrgang 1964, verheiratet, drei Kinder, ist einer von 2000 Kakaobauern in der Region. Mehr als ein Drittel sind heute in der Genossenschaft Cacaonica organisiert – auch Vilchez. »Wenn es die Kooperative nicht gäbe, dann wäre der Preis für den Kakao noch immer am Boden«, sagt er. »Als das Projekt 1990 angefangen hatte, haben wir umgerechnet nur etwa 20 Cent pro Pfund Kakao bekommen. Heute erzielen wir fast viermal so viel.« Der Kakaobauer ist begeistert von Cacaonica. Denn die Genossenschaft hat die ganze Region um die Stadt Waslala vorangebracht.

Vilchez nennt etwa zwei Hektar Land sein Eigen. Er hat keine Monokultur angelegt, der Kakao wächst im Schatten von Bananenstauden oder Laubbäumen wie dem stacheligen Pochote. Durch das schier undurchdringliche Grün von Stauden, Bäumen und Büschen trägt Vilchez die Kakaofrüchte zu seinem Haus, um sie weiterzuverarbeiten. Er nimmt eine Plastikfolie von einer Kiste, die vor seinem Haus steht. Ein milder Kakaoduft steigt aus dem Holzbehälter. Es riecht sanft nach Bitterschokolade. »In dieser Kiste fermentiere ich den Kakao«, erklärt Vilchez. Mit dem Zucker aus dem süßsäuerlichen Fruchtfleisch und den Bakterien, die bereits im Holz der Kiste stecken, beginnen die frischen Kakaobohnen zu gären.

In Waslala regnet es jedes Jahr 2000 Liter pro Quadratmeter. Hier, im feuchtheißen tropischen Klima, fühlt sich der Kakao am wohlsten. Da gedeihen spezielle Sorten wie der edle Creollo-Kakao, der durch die ökologische Produktionsweise noch besser wird. Denn wie die meisten der 700 Kakaobauern von Cacaonica verwendet auch Nelson Vilchez weder Pestizide noch Kunstdünger. Düngemittel stellt er aus dem her, was auf

seiner Finca wächst. »Um auf Chemie verzichten zu können, schützen wir den Kakao mit anderen Pflanzen vor schädlichen Insekten.« Vilchez deutet auf einen hochstämmigen Baum mit weit ausladenden Blättern und bauchigen Früchten. »Das ist Papaya. Seine Blätter wehren Insekten ab.«

Der Kakaobauer besitzt kein Auto und kein Moped. Seine Ernte bringt er mit dem öffentlichen Bus, der ab und zu auf der steinigen Straße vor seinem Haus vorbeirumpelt, nach Waslala – zur Zentrale seiner Kooperative. »Hola Nelson«, am Eingang wird der Campesino von Miguel Malespín begrüßt. Der Agraringenieur übernimmt heute die Qualitätskontrolle. Zwei Dutzend Bohnen schneidet die Guillotine in der Mitte durch. »Anhand der Form, der violetten Farbe und des Aromas bestimme ich die Qualität und den Fermentationsgrad des Kakaos«, erklärt Malespín. Vilchez' Kakao ist perfekt. »Calidad Ritter – Ritterqualität«, lobt Malespín. Die Bohnen sind zu 90 Prozent fermentiert. Nelson ist zufrieden, denn er bekommt umgerechnet knapp 80 US-Dollar.

Gute Qualität – gute Bezahlung. Dafür sorgt der deutsche Kunde der Kooperative, die Alfred Ritter GmbH. Der schwäbische Schokoladenfabrikant zahlt auf den normalen Weltmarktpreis einen Aufschlag von über 25 Prozent für die ökologische Produktion und als Beitrag zum fairen Handel – die Bauern nennen es »Ritter-Prämie«.

Die Verbindung zwischen Schwaben und Waslala gibt es seit 1990. Damals hat Ritter damit begonnen, die Aus- und Fortbildung der Bauern in ökologischem Landbau zu bezahlen. Die Arbeit vor Ort hat ein Verein übernommen, der seinen Sitz in Bonn hat und in Managua ein Büro unterhält: die Entwicklungshilfeorganisation »Pro Mundo Humano« – »für eine menschliche Welt«. Mit organisch angebautem, qualitativ hochwertigem Kakao kann sich die Region Waslala jedoch von ihren sehr viel größeren Konkurrenten absetzen. Seit die Bauern von der Organisation »Biolatina« zertifiziert sind, kommt auch der Handel mit Ritter in Schwung. 2003 sind die ersten Tonnen nach Deutschland verkauft worden. Weil die Kooperative lange Zeit keine genügenden Mengen garantieren konnte, wurde der Bio-Kakao der normalen Schokolade beigemischt. Seit April 2008 wirbt Ritter mit einem ausgewiesenen Bio-Sortiment.

Damit möglichst viele Bauern auf Bio-Anbau umstellen, finanzieren Ritter, die Gesellschaft für Technische Zusammenarbeit (GTZ) und das deutsche Entwicklungshilfeministerium (BMZ) gemeinsam ein so genanntes PPP-Projekt. Das Kürzel steht für »private public partnership« und besagt, dass ein Privatunternehmen wie Ritter gemeinsam mit einem öffentlichen Geldgeber etwas finanziert, was einer allein kaum stemmen könnte. Vom Ergebnis profitieren alle. Das Ministerium erfüllt seinen Auftrag, den Menschen in der Dritten Welt zu helfen. Die Kakaobauern haben mehr Geld in der Tasche, ihre Region blüht auf – und Ritter erhält hochwertigen Bio-Kakao. Nicht zuletzt werden der Regenwald geschützt und Unmengen an Pestiziden vermieden.

Zufriedener Kakaobauer: Die Firma Ritter garantiert Nelson Vilchez aus Nicaragua gute Preise. Sein Sohn kann deshalb zur Schule gehen.

Öko-Kakao und fairer Handel

Weltweit werden etwas mehr als drei Millionen Tonnen Kakao produziert. Nach Deutschland kommen rund zwölf Prozent. Die wichtigsten Anbauländer sind die Elfenbeinküste (eine Million Tonnen), Indonesien (450.000 Tonnen), Ghana (380.000) und Nigeria (340.000). Der Anteil fair gehandelter Schokolade – sie wird zumeist auch nach ökologischen Kriterien produziert – liegt bei weniger als einem Prozent. Die von Ritter Sport in Nicaragua geförderte Kooperative hat mittlerweile so viel Erfolg, dass vier Bio-Tafeln auf den Markt gebracht werden konnten: Feinherb, Vollmilch, Mandelsplitter und Trauben Cashew.

STARBUCI

VON HORST HAMM

Faire Preise für alle

DIE AMERIKANISCHE KAFFEEHAUSKETTE STARBUCKS IST IN SACHEN KAFFEE DER GRÖSSTE EINZELHÄNDLER DER WELT. DAS UNTERNEHMEN SETZT DARAUF, DEN BAUERN PREISE ZU BEZAHLEN, VON DENEN SIE LEBEN KÖNNEN, UND FÖRDERT SOWOHL KAFFEEKULTUREN UNTER DEM DACH DES REGENWALDS ALS AUCH DEN VERZICHT AUF GIFT UND KÜNSTLICHE DÜNGER.

Kein anderes Getränk findet so viel Zuspruch wie Kaffee. Eine gute Tasse Kaffee gilt als Starthilfe in den Tag. Ein Capuccino zwischendurch hilft, im Büro kurz zu entspannen. Nach dem Mittagstisch sorgt ein Espresso oder Mokka für die richtige Stimmung, und am Nachmittag bringt Latte Macchiato frischen Schwung. 590 Milliarden Tassen Kaffee werden jedes Jahr getrunken – nur Wasser findet als Getränk größeren Zuspruch. In Deutschland liegt der Pro-Kopf-Verbrauch bei 150 Litern im Jahr. Und weil die schwarzbraune Bohne derart viele Abnehmer findet, leben rund 100 Millionen Menschen von ihr – hauptsächlich in den Entwicklungsländern.

Ein Drittel der Weltkaffee-Ernte wird dabei von rund 15 Millionen Kleinbauernfamilien erzeugt, die gerade mal anderthalb Hektar Ackerland oder noch weniger ihr Eigen nennen, um darauf Kaffee anzubauen. Drei, vier Sack Kaffee – ein Sack sind 45,36 Kilogramm – macht eine normale Jahresernte aus – und davon muss eine ganze Familie leben und alles kaufen, was sie nicht selbst erzeugt: Milch und Brot, Kleider, Schuhe, Schulbücher oder auch Fahrkarten für den Bus in die Stadt – einfach alles.

Auf dem Weltmarkt brachte ein englisches Pfund Kaffee (= 453 Gramm) im Jahr 2006 einem Kaffeebauern gerade noch 1,04 US-Dollar. Bei einer Ernte von drei Sack kam eine ganze Familie damit auf einen Jahresverdienst von insgesamt 312 Dollar. Weil die Menschen bei solchen Preisen nicht überleben können, sind in der Vergangenheit etliche Kaffeebauern in Kolumbien dazu übergegangen, auf ihren Kaffeefeldern Koka-Pflanzen anzubauen und statt Kaffee Kokain zu verkaufen.

Die amerikanische Starbucks Coffee Company, die weltweit in 16.000 Kaffee-Shops das begehrte Getränk serviert, ist deshalb schon vor Jahren dazu übergegangen, den Erzeugern höhere Preise zu garantieren. Zur Jahrtausendwende unterzeichnete das Unternehmen einen Vertrag mit Fair Trade USA und bietet seither allen Kunden in Amerika und Großbritannien fair gehandelten Kaffee an. Seit 2002 bietet Starbucks Kaffee mit diesem Siegel an – derzeit in 28 Ländern. 2004 lag der Anteil bei 1,6 Prozent,

2005 waren es vier und 2007 sechs Prozent oder neun Millionen Kilogramm. Damit ist Starbucks einer der größten Händler von Kaffee mit dem Fairtrade-Siegel.

Doch das Unternehmen ist noch viel weiter gegangen. Weil auf dem Weltmarkt überhaupt nicht genügend zertifizierter Fairtrade-Kaffee zu bekommen ist, der den Qualitätsanforderungen genügt, hat Starbucks gemeinsam mit der Conservation International, einer Umweltorganisation, die sich den Schutz des Regenwalds auf die Fahnen geschrieben hat, eigene Richtlinien und das so genannte C.A.F.E.-Practices-Programm entwickelt. Das Ziel: 28 Kriterien sollen dafür sorgen, dass Starbucks Vorreiter im nachhaltigen Anbau von Kaffee wird. Da geht es um Produktqualität, um soziale Verantwortung, um Transparenz, um Ökonomie und Ökologie.

Das Ergebnis der Zusammenarbeit kann sich sehen lassen: Im Jahr 2007 wurden – zusätzlich zu den sechs Prozent Fairtrade-Kaffee – 65 Prozent aller Bohnen nach den Richtlinien der C.A.F.E.-Practices erworben. Die Bauern haben im Durchschnitt 1,43 US-Dollar für das Pfund Kaffee erhalten. Das ist weit mehr, als sie auf dem Weltmarkt bekommen hätten, und auch deutlich über den Mindestgarantien von Fairtrade-Organisationen, die bei 1,21 Dollar liegen. Starbucks hat zwar nur einen Anteil von rund zwei Prozent am gesamten Kaffeemarkt. Mit rund 350 Millionen Pfund ist das Unternehmen jedoch der größte Einzelhändler in diesem Segment – und weil sich ein Großer in die richtige Richtung bewegt, zieht die Konkurrenz auf breiter Front nach.

Auch das ist noch nicht alles: In Sachen Naturschutz fördert die Kaffeehauskette Kaffeekulturen, die im Schatten von Mahagoni- oder Brettwurzelbäumen gedeihen – sozusagen als natürlichste Form des Anbaus. Denn die Kaffeepflanze stammt ursprünglich aus dem Regenwald und gedeiht ausschließlich in den Tropen. Wird sie unter Urwaldriesen angebaut, trägt diese Form der Bewirtschaftung dazu bei, den Regenwald zu erhalten. Eine Million Kilogramm werden inzwischen als so genannter »shade grown coffee«, als »im Schatten gewachsener Kaffee«, geerntet und in den Filialen von Starbucks ausgeschenkt, allerdings nicht in Deutschland. Ergänzt wird dieses Naturschutz-Programm durch die Förderung von Bio-Kaffee. Waren es 2003 lediglich 1,3 Millionen Kilo, die ohne Pestizide und synthetische Dünger angebaut wurden, erhöhte Starbucks diesen Anteil inzwischen auf fünf Millionen.

Die auf Nachhaltigkeit ausgerichtete Firmenpolitik kommt auch den 55 Millionen Kunden zugute, die Woche für Woche in den Filialen des Konzerns Entspannung suchen. Seit 2003 ist das Unternehmen im Natur-Aktien-Index gelistet, einem Index, der wie kein zweiter darauf achtet, dass soziale, ökologische und ökonomische Belange unter einen Hut gebracht werden. Eine größere Anerkennung könnte die Kaffeehauskette für ihre Arbeit kaum erhalten.

Ergebnis harter Arbeit: Die reifen Kaffeebohnen werden von Hand gepflückt und in der Sonne getrocknet, bevor sie, in Säcken verpackt, um die Welt gehen.

Politik im Hause Starbucks

Starbucks hat bereits 1992 konzernweit gültige Umweltstandards verabschiedet und sich schriftlich dazu verpflichtet, die natürlichen Ressourcen zu schützen. Im Jahr 2004 unterzeichnete das Unternehmen den »UN Global Compact«, einen Vertrag, der unter Federführung der Vereinten Nationen Globalisierung sozialer und ökologischer gestalten will. Ein eigens dafür eingesetztes Komitee ist dafür verantwortlich, all das zu planen und durchzusetzen, was in Sachen Klima- und Naturschutz sowie sozialer Verantwortung notwendig ist. Jährlich veröffentlichte ökologische Kennzahlen geben darüber Auskunft, was bereits erreicht wurde – und wo es noch Nachholbedarf gibt. Und die Zusammenarbeit mit unabhängigen Naturschutzorganisationen garantiert, dass die Wirklichkeit hinter der Firmen-PR nicht zurückbleibt.

PFEFFER

VON RÜDIGER BRAUN

Pfeffer – Scharfes aus Indien

IM DSCHUNGEL DES PERIYAR-NATIONALPARKS WERDEN ALTE PFEFFERSORTEN ÖKOLOGISCH ANGEBAUT. DAS BRINGT DEN EINHEIMISCHEN GELD UND UNTERSTÜTZT DEN ERHALT EINES EINZIGARTIGEN TIGERSCHUTZGEBIETES. NICHT ZULETZT SCHMECKT DER SORGFÄLTIG KULTIVIERTE PFEFFER BESSER.

Wahrscheinlich gibt es nirgendwo sonst eine solch hohe Dichte an Gewürzläden wie entlang der Hauptstraße von Kumily. Mit metergroßer Leuchtreklame wirbt sogar ein »Spice-Supermarket«. Die kaum überschaubare Auswahl an getrockneten Pflanzenteilen, Pülverchen und Tinkturen parfümiert die Luft mit einer anregenden, orientalischen Duftmischung. Der Ort in den Kardamom-Bergen, bekannter unter dem Namen »Spice-Village«, ist das touristische Zentrum der Gewürzanbauregion im Herzen des südindischen Bundesstaats Kerala.

Das gebirgige, dicht bewaldete Hinterland der sagenumwobenen Malabarküste Keralas, an der seit vielen Jahrhunderten Kaufleute ihre Schiffe mit Gewürzladungen füllten, gilt als Ursprungsland des Pfeffers. Für den Agraringenieur Rudolf Bühler war das der entscheidende Grund, weshalb er auf der Suche nach hochwertigen, widerstandsfähigen Pfefferpflanzen vor fünf Jahren erstmals in dieses Gebiet kam. Er hoffte, noch alte Sorten zu finden, die über ein besonders edles Aroma verfügen und die sich durch eine natürliche Resistenz gegen Schädlinge besonders gut zum Öko-Anbau eignen.

»Alles aus einer Hand« ist Bühlers Devise. Die Gewürze waren dabei lange eine Schwachstelle. »Es ist nicht einfach, echte Spitzenqualität aus chemiefreiem, biologischem Anbau zu beziehen«, klagt Rudolf Bühler. Ökologisch einwandfreier Kardamom sei beispielsweise nicht zu bekommen. Und der Pfeffermarkt werde von billigem Pfeffer aus Vietnam dominiert, »der unter Einsatz von Pestiziden und Dünger aus schnell wachsenden Hybridsorten erzeugt und mit Bestrahlung haltbar gemacht wird«.

Bühler fand die gesuchten alten Pfeffersorten, die so klingende Namen tragen wie »Karimunda« oder »Devamunda«. Und er fand in dem indischen Hotelier und Öko-Tourismusveranstalter Jose Dominic einen idealen Projektpartner. Denn dieser verfügt über gute Kontakte zu den Ureinwohnerstämmen, die nahe Kumily in der Pufferzone des Periyar-Tigerreservats leben und die Gewürze in Mischkulturen anbauen.

Beide Seiten waren sich rasch einig: Auf deutscher Seite entstand die Vertriebsfirma »Ecoland Herbs & Spices«, auf indischer Seite die Erzeugergemeinschaft »Natural Harvest«, die eng mit der Nationalparkverwaltung des Periyar-Wildschutzgebiets zusammenarbeitet. Das Projekt, das sich ökologischen Anbau und fairen Handel auf die Fahnen geschrieben hat, wurde während der dreijährigen Startphase von der Deutschen Investitions- und Entwicklungsgesellschaft (DEG) unterstützt. Die DEG übernahm die Hälfte der rund 400.000 Euro Investitionskosten.

Nur etwa 40 Minuten dauert die Fahrt mit dem Geländewagen von Kumily ins Projektgebiet zur Siedlung Vallakkadavu. Auf halbem Weg versperrt eine Schranke den Durchgang. Ein rundes Schild mit einem mächtigen Tigerkopf markiert die Grenze des 777 Quadratkilometer großen Periyar-Tigerreservats. Nur mit Sondergenehmigung gewähren die Wächter Einlass in den westlichen Teil des Parks, in dem ausschließlich Angehörige ehemaliger Nomadenstämme von und mit dem Wald leben. Die östliche Hälfte ist ein Naturschutzreservat, zu dem nur Nationalparkmitarbeiter und Wissenschaftler Zugang haben. Das dicht bewaldete Dschungelareal gilt als eines der schönsten und artenreichsten Naturreservate Indiens. 2000 Pflanzenarten, über 320 Vogel- und 62 Säugetierarten kommen darin vor. Größte Attraktion sind die 55 umherstreifenden Tiger, die man aber nur äußerst selten zu Gesicht bekommt. Der strenge Naturschutz kollidierte anfangs immer wieder mit den Interessen der Ureinwohner. In den

80er Jahren versuchte die indische Regierung in der Region die von Wanderfeldbau lebenden Waldnomaden sesshaft zu machen und wies ihnen fest umgrenzte Reservate zu. Dort müssen sie seither ihren Lebensunterhalt als Kleinbauern durch den Anbau von Gewürzen und das Sammeln von Waldhonig verdienen. »Ohne diese drastische Maßnahme hätten sich Wilderei und illegaler Holzeinschlag für neue Ackerflächen nicht stoppen lassen«, beteuert Cem Omanakuttan, der als Beamter der Parkverwaltung für die Belange der Stammesgruppen zuständig ist. Doch er wisse, dass viele Familien von den geringen Einnahmen allein nicht leben konnten. Erst mit dem Ecoland-Projekt bekamen die Menschen Abnahmegarantien für ihre Produkte und ein deutlich höheres Einkommen. Stolz führt der Thankappan, der Dorfvorsteher von Vallakkadavu, durch die Siedlung, in der 65 Familien mit 240 Menschen leben. Der bescheidene Wohlstand, der hier Einzug gehalten hat, ist gut an dem hellblau gestrichenen Lehmziegelhaus von Bauer Cobalen zu erkennen: Es hat zwei Wohnräume und eine Küche, ist mit Dachziegeln gedeckt und trägt eine kleine Solarzelle. »Obwohl wir jetzt solch ein schönes Haus haben«, scherzt die Bäuerin, »schläft mein Mann im Moment nur da draußen.« Sie zeigt auf eine provisorisch zusammengezimmerte Hütte inmitten des Süßkartoffelfeldes. »Er hat Angst, dass Wildschweine und Affen die Ernte plündern.« Anders als Waldelefanten lassen sich diese lästigen Feinschmecker nicht von dem drei Meter tiefen Schutzgraben abschrecken, der die Siedlung umgibt.

Bauer im Tigerreservat: Ein einfaches Tuch dient bei der Pfefferernte als Sammelsack.

Kostbares Gewürz aus den Tropen

Das Hinterland der südindischen Malabarküste gilt als das Ursprungsgebiet des Pfeffers (Piper nigrum). Schon das antike Rom bezog Pfeffer aus dieser Region. Im Mittelalter wurde das kostbare Gewürz zeitweilig mit Gold aufgewogen – ein Grund, warum Christoph Kolumbus einen möglichst kurzen Seeweg nach Indien suchte. Die holzige Kletterpflanze wächst normalerweise wie Efeu an Bäumen empor, kann rund zehn Meter hoch und bis zu 40 Jahre alt werden. Sie braucht tropische Temperaturen, Halbschatten und eine lange Regenzeit. Pfefferpflanzen entwickeln hängende, rispenartige Fruchtstände. Die größten Anbauländer sind Indien, Indonesien, Malaysia, Vietnam und Brasilien. Auf einer Anbaufläche von über 350.000 Hektar werden jährlich über 280.000 Tonnen Pfeffer geerntet. Noch ist der Bio-Anteil verschwindend gering.

Obst und Gemüse

Unsichtbare Appetithemmer: Bei rund zehn Prozent aller konventionellen Obst- und Gemüseproben lagen die Pestizidrückstände über dem vorgeschriebenen Grenzwert.

VON SILVIA LIEBERMANN

Wer Früchte, Gemüse und Salate aus der Region kauft und auf Bio-Qualität achtet, hilft allen: den heimischen Bauern, dem lokalen Handel, der Umwelt – und letztlich sich selbst. Besonders schlecht sind eingeflogene Waren. Sie belasten das Klima zigmal mehr als jedes vor Ort angebaute Produkt.

Knackige Äpfel, reife Melonen, glänzende Paprika: Wir haben uns daran gewöhnt, dass sie immer griffbereit im Supermarkt liegen, zu jeder Jahreszeit. Im Durchschnitt isst jeder deutsche Haushalt im Jahr gut 63 Kilo Gemüse und 86 Kilo Obst. Beim Gemüse sind Tomaten, Karotten und Gurken am beliebtesten, bei den Früchten Äpfel, Bananen und Orangen. Gemüse und Obst sind gesund: Sie enthalten wenige Kalorien, aber viele Vitamine, Mineralstoffe und sekundäre Pflanzenstoffe.

Doch vielen umwelt- und gesundheitsbewussten Käufern fällt es schwer, im Supermarkt noch unbeschwert ins Sortiment zu greifen: Denn Schlagzeilen wie »Verbotene Pflanzenschutzmittel in Paprika«, »Höchstmengen-Überschreitungen bei Tafeltrauben«, »Giftrekord bei Früherdbeeren« erschüttern das Vertrauen. Zahlreiche Untersuchungen belegen, dass die Mehrheit unserer Gemüse- und Obstwaren mit chemischen Spritzmitteln gegen Insekten, Unkraut oder Pilze belastet ist. Im »Öko-Monitoring« des Landes Baden-Württemberg wiesen 88 Prozent der Obstproben aus konventioneller Erzeugung Rückstände von Pestiziden auf, bei rund zehn Prozent waren die gesetzlichen Höchstmengen überschritten. Beim Gemüse ergaben sich ähnliche Werte.

Auch die Umweltorganisation Greenpeace führte 2007 eine umfangreiche Studie durch, mit über 500 konventionellen Gemüse- und Obstproben aus verschiedenen

Supermärkten. Das Ergebnis war nicht appetitanregend: In 65 Prozent der Proben wurden gleich mehrere Pestizide gefunden, bis zu 16 Chemikalien steckten in einer Portion Tafeltrauben. Bei staatlichen Untersuchungen fallen folgende Obst- und Gemüsearten aus konventionellem Anbau am häufigsten wegen überhöhter Werte auf: Petersilie, Rucola und Paprika sowie Papaya, Stachelbeeren und Johannisbeeren. Seltener belastet sind Broccoli, Chicoree und Endivien sowie Bananen, Heidelbeeren und Kiwis.

Besonders bedenklich: Von 1998 bis 2004 sind die Pestizidwerte angestiegen. Das ist kein Wunder, denn wie Thilo Bode in seinem Buch *Abgespeist* schildert, sind die Höchstwerte für Pflanzenschutzmittel an der Öffentlichkeit vorbei angehoben worden. »Wir Verbraucher haben gar kein Interesse an Pestizidrückständen in Lebensmitteln – und wüssten schon gern, dass der heutzutage legale Wert von Chlorthalonil in Äpfeln das Fünffache dessen ausmacht, was das Bundesinstitut für Risikobewertung noch vor wenigen Jahren festgelegt hat«, kritisiert der Chef der Verbraucherorganisation Foodwatch.

Obst und Gemüse aus ökologischem Anbau sind weitgehend frei von Pestiziden. Das ist das Fazit des baden-württembergischen Öko-Monitorings. Über fünf Jahre lang wurden 2000 pflanzliche Lebensmittel untersucht. Das Ergebnis: Etwa 95 Prozent

der Stichproben führen das Bio-Siegel zu Recht. Während konventionelle Obst- und Gemüseproben mit durchschnittlich 0,4 mg/kg belastet waren, wiesen Öko-Produkte nur 0,01 mg/kg auf, was die Tester als weitgehend rückstandsfrei bezeichnen. Auch nennenswerte gentechnische Verunreinigungen waren in keinem ökologischen Soja- oder Maisprodukt nachweisbar.

»Außerhalb der Stadt, dort, wo die Gewächshäuser stehen, hat man den Eindruck, am Ende der Welt zu sein. Überall Plastik. Ein gigantisches Plastikmeer.« So beschreibt Francisco Conde die silbriggraue Treibhauslandschaft in der südspanischen Provinz Almeria: »In den Wasserreservoirs, mit denen jeder Bauernhof ausgestattet ist, schwimmen die leeren Plastikcontainer für Düngemittel und Pestizide.« Von dort und von anderen intensiv bewirtschafteten Regionen in Südeuropa stammt ein großer Teil der Paprikas, Tomaten, Trauben und Erdbeeren in unseren Supermärkten. Da die Monokulturen sehr anfällig für Insekten und Pilze sind, werden sie nach Angaben von Greenpeace mindestens 20- bis 30-mal mit chemischen Pflanzenschutzmitteln gespritzt. Böden und Grundwasser sind zum großen Teil verseucht. Die Plantagen müssen das ganze Jahr über künstlich bewässert werden, die Wasservorräte sind erschöpft. Auch die Arbeitsbedingungen in den südspanischen Gewächshäusern sind katastrophal: Meist sind es illegale Immigranten aus Nordafrika, die für niedrigste Stundenlöhne und ohne angemessenen Arbeitsschutz die giftigen Chemikalien ausbringen. Etwas optimistisch stimmt die Meldung, dass Almeria nun teilweise auf umweltverträglichere Anbaumethoden setzt, nachdem die angebauten Waren immer wieder besonders negativ bei Pestizid-Untersuchungen aufgefallen waren.

Auch deutsches Gemüse ist jedoch nicht frei von Spritzmitteln. Auf der Internetseite der Centralen Marketing-Gesellschaft der deutschen Agrarwirtschaft kann man lesen: »Ein wichtiger Vorteil liegt darin, dass Obst und Gemüse unter den strengen Anbaurichtlinien des kontrollierten Integrierten Anbaus produziert werden.« Das hört sich beruhigend an. Die überwiegende Mehrheit der deutschen Obst- und Gemüseproduzenten arbeitet nach den Richtlinien des Integrierten Anbaus, der als Zielvorgabe die harmonische Verbindung von Anbau und Rücksichtnahme auf die Umwelt hat und anstelle von Chemikalien teilweise natürliche Schädlingsbekämpfung einsetzt.

Im Vergleich zu vergangenen Jahrzehnten ist dies ein Fortschritt. Doch immer noch fallen heimische Obst- und Gemüsestichproben durch zu hohe Rückstände auf. Greenpeace bewertet eine Reihe von Nahrungsmitteln als »nicht empfehlenswert«, da bei staatlichen Kontrollen in mehr als zehn Prozent der untersuchten Proben Höchstmengenüberschreitungen festgestellt wurden: Dazu gehören Himbeeren, Johannisbeeren, Pflaumen, Stachelbeeren, Feldsalat, Grünkohl und Rucola.

»Grüne« Erfolgsgeschichte: Das sechseckige EU-Bio-Siegel prangte Ende Mai 2008 auf 47.756 Produkten.

Gut fürs Klima: Nimmt man die Treibhausgasbelastung zum Maßstab, sind nicht nur Rhabarber und Kürbis weit besser als Fleisch oder Milchprodukte, sondern Obst und Gemüse ganz allgemein.

Erfreulich dagegen: Gemüse und Obst belasten das Klima weitaus weniger als tierische Nahrungsmittel. Nach Berechnungen des Öko-Instituts erzeugen frisches Gemüse und Kartoffeln nur etwa ein Zehntel der durch Fleisch verursachten Emissionen. Gemüse in Konservendosen oder als Tiefkühlware sind ungünstiger als Frischware, aber im Vergleich zu tierischen Produkten immer noch sehr klimafreundlich. Die Emissionen von Bio-Produkten sind zwischen 10 und 20 Prozent niedriger als solche aus konventionellem Anbau.

Äpfel sind das beliebteste Obst der Deutschen. Jeder Bundesbürger isst im Durchschnitt rund 40 Kilogramm pro Jahr. Nur die Hälfte davon wächst hierzulande – der Rest kommt aus anderen europäischen Ländern und aus Übersee. Bevor er zugreift, steht der umweltbewusste Apfelliebhaber vor allerlei Entscheidungen: Royal Gala, Pink Lady, Jonagold? Oder eine robuste alte Apfelsorte vom Wochenmarkt? Mit Bio-Siegel oder nicht? Aus Deutschland, Südtirol, Frankreich, Südafrika oder Neuseeland? Die schlechteste Klimabilanz hat meistens die Frucht aus Übersee. Der Obstforscher Michael Blanke von der Universität Bonn hat zwei Äpfel verglichen: Einen Bio-Apfel aus Neuseeland und einen heimischen Apfel aus konventionellem Anbau. Beide werden im April, außerhalb der deutschen Saison, gekauft. Das Ergebnis: Der importierte Bio-Apfel, der auf dem Seeweg nach Europa gereist ist, verbraucht etwa 30 Prozent mehr Energie als der konventionell angebaute aus der Region, der im April bereits seit einem halben Jahr im Kühlhaus lagert. Am klimafreundlichsten ist der heimische Apfel natürlich während der Saison im Herbst, da keine Treibhausgase bei der Lagerung entstehen.

Es gibt aber auch Obst, das wir nicht aus heimischem Anbau kaufen können – schließlich wachsen hierzulande weder Bananen noch Ananas oder Mangos. Bei Tropenfrüchten hängt der CO2-Fußabdruck vom Transportmittel ab. Obstsorten wie Bananen und Kiwis reifen gut nach. Sie sind in der Regel wochenlang mit dem Frachter auf dem Seeweg unterwegs und verursachen dadurch viel weniger Treibhausgase als Früchte, die direkt nach der Ernte per Flugzeug nach Deutschland geflogen werden. So genannte Flug-Ananas oder -Mangos schmecken besonders süß, haben aber eine katastrophale Klimabilanz. Wer nicht unnötig Kohlendioxid in die Luft blasen möchte, sollte zudem im Winter auf empfindliche Früchte wie Kirschen und Erdbeeren verzichten – sie werden zum Teil ebenfalls eingeflogen.

Gut für Klima, Ökosystem und Mensch sind grundsätzlich frische Produkte, möglichst aus ökologischem Anbau, passend zur Saison. Wer diesem Anspruch allerdings 100-prozentig gerecht werden möchte, hat im Winter häufig nur die Wahl zwischen Kohl, Feldsalat und gelagerten Äpfeln.

Vergessene Wintergemüse

Bohnen, die aus Übersee eingeflogen werden, belasten das Klima 48-mal mehr als solche, die vor Ort geerntet werden. Vergleichbares gilt für alle anderen Produkte, die mit dem Flieger kommen. Wer mit gutem Gewissen essen möchte, sollte auf eingeflogene Südfrüchte verzichten und stattdessen einen Saisonkalender für die Küche erwerben, der zeigt, was die Jahreszeiten hergeben. Im Winter könnten gesunde und schmackhafte Gemüsesorten wie Pastinake, Topinambur oder Wurzelpetersilie Abwechslung zu Wirsing und Rotkraut bringen. Im Supermarkt findet man solche fast vergessenen Wintergemüse zwar leider selten, dafür aber in Bio-Läden, auf Wochenmärkten oder als Inhalt einer Gemüse-Abokiste. Und spätestens im April werden die Theken mit heimischen Produkten wieder gefüllt.

CHIQUITA

VON HORST HAMM

Bananenmulti auf neuen Wegen

DER AMERIKANISCHE BANANENKONZERN CHIQUITA HAT SICH ANFANG DER 90ER JAHRE KONZERNWEIT NACHHALTIGKEIT UND REFORMEN VERORDNET. TROTZ EINER SCHWEREN WIRTSCHAFTLICHEN KRISE HAT DAS UNTERNEHMEN AN SEINEM KURS FESTGEHALTEN. SEIT DREI JAHREN ZEUGT EIN GRÜNER FROSCH VON DEM EINGESCHLAGENEN WEG.

Das Wort Bananenrepublik hat einen Namen: United Fruit Company. In Lateinamerika hieß das Unternehmen jahrzehntelang schlicht »El pulpo«, zu Deutsch »der Krake«. Es war eng mit dem amerikanischen Geheimdienst liiert, und sein Einfluss reichte bis in die Spitzen der Landesregierungen. Höchstes Ziel: Mit Bananen möglichst viel Profit zu machen. Arbeiter wurden ausgebeutet, Gewerkschafter unterdrückt, die Umwelt mit Pestiziden belastet, der Regenwald vielerorts zerstört. Allein in Costa Rica wurden für Bananenplantagen Anfang der 90er Jahre 3000 Hektar abgeholzt.

1990 bekam die United Fruit Company einen neuen Namen: Chiquita Brands International. Und 1992 eine neue Unternehmenspolitik. Steve Warshaw, der damalige Vorstandsvorsitzende, setzte sich mit der Rainforest Alliance zusammen, einer amerikanischen Organisation, die sich den Schutz des Regenwalds auf die Fahnen geschrieben hat. Der Chiquita-Chef war bereit, den Konzern umzukrempeln. Sein Ziel: ein sozial und ökologisch ausgewogenes Wirtschaften.

Um es vorwegzunehmen: Chiquita ist kein Bio-Konzern geworden. Der grüne Frosch, der von der Rainforest Alliance vergeben wird, lässt nach wie vor Pestizide zu – und zwar in großer Menge: Pro Hektar und Jahr werden auf den meisten Chiquita-Plantagen bis zu 50 Kilogramm Giftstoffe versprüht. Vor allem deshalb, um in den feucht-heißen Gebieten die Ernte vor dem Pilz Sigatoga negro zu schützen. »Bio-Anbau ist nur an ganz wenigen Stellen in den Tropen möglich«, betont George Jaksch, CSR-Manager bei Chiquita, »dort, wo es trocken ist. Wir haben aber besonders giftige Fungizide als erster großer Bananenkonzern aus dem Programm genommen.«

Der *Spiegel* zeigte sich von der Unternehmenspolitik wenig beeindruckt und warf Chiquita offen »Greenwashing« vor. Sprich: Die dunklen Seiten seien einfach nur mit grüner Farbe überstrichen worden, ohne dass sich substanziell etwas geändert hätte. Und in der Tat: Noch Anfang 2007 wurde Chiquita dazu verurteilt, eine Geldstrafe von

25 Millionen Dollar zu bezahlen, weil der Konzern zwischen 2001 und 2004 Gelder an paramilitärische Organisationen in Kolumbien gezahlt hat. Der Geldtransfer wurde von Chiquita offen eingeräumt, ja mehr – der Konzern hat sich sogar selbst angezeigt und zur Aufklärung der Hintergründe beigetragen: »Diese Zahlungen erfüllten nur einen einzigen Zweck«, so George Jaksch, »das Leben unserer Angestellten zu schützen in einer Zeit, in der Entführungen und Morde häufig vorkamen.«

Die Offenheit, mit der Chiquita sich Vorwürfen stellt, ist bezeichnend für die heutige Informationspolitik im Konzern. Und nicht nur gegenüber der Öffentlichkeit. Für alle Mitarbeiter wurde eine Art Telefon-Hotline eingerichtet, die jeder rund um die Uhr und sieben Tage die Woche nutzen kann – ohne Nachteile fürchten zu müssen. Jedem Vorwurf geht die Konzernzentrale nach, verbunden mit dem Ziel, Missstände abzustellen. Da geht es mal um die Behinderung von Gewerkschaftern, dann um die sexuelle Belästigung von Packerinnen oder um Kinderarbeit bei einem Zulieferer. »Man findet in jedem Unternehmen dunkle Flecken«, weiß Guido Palazzo, Professor für Unternehmensethik an der Universität Lausanne. »Aber kaum eines legt seine Verfehlungen und Defizite derart brutal offen wie Chiquita.« Im äußersten Fall ist das Management bereit, sich von Zulieferern zu trennen, wenn sie keine Abhilfe schaffen.

Orientierung bietet ein Grundwertekatalog, der 1999 verabschiedet wurde: Wurden früher Plantagenarbeiter regelrecht ausgebeutet, erhalten sie heute beispielsweise in

Costa Rica Löhne, die denen eines Fabrikarbeiters in Tschechien entsprechen. Sie liegen fast 100 Prozent über dem Mindestlohn in dem mittelamerikanischen Land.

Nicht zuletzt profitiert die Natur: Weil die Rainforest Alliance ihren grünen Frosch nur für Bananen vergibt, die auf Plantagen wachsen, auf denen in den letzten 20 Jahren kein Regenwald gerodet wurde, hat der Konzern seit 1992 keinerlei neue Rodungen mehr veranlasst. Im Gegenteil: An Wegen und Plantagenrändern wird aufgeforstet. Das Holz für Paletten stammt aus nachhaltiger Forstwirtschaft. Und gegen Unkräuter, die den Ertrag mindern könnten, ist die Giftkeule tabu – sie werden mit bodenbedeckenden Pflanzen in Grenzen gehalten.

Chiquita hat als Vorreiter unter den großen Bananenkonzernen die Kriterien, die mit der Rainforest Alliance erarbeitet wurden, im ganzen Unternehmen eingeführt und alle Zulieferer dazu verpflichtet, sie ebenfalls zu übernehmen. Rund 20 Millionen US-Dollar hat der Wandel gekostet. Besonders bemerkenswert: Anfang des Jahrhunderts ist Chiquita schwer in Schieflage geraten und stand kurz vor der Pleite. Dennoch hat der Konzern seinen Kurs beibehalten und lediglich den Vorstand ausgewechselt. Der Lohn dafür ist greifbar: Inzwischen wird Chiquita von Rating-Agenturen als nachhaltiges Unternehmen geführt. Und weil der Konzern zu den Global Playern zählt, hat seine Politik enorme Wirkung – die großen Konkurrenten ziehen inzwischen nach.

Schwere Männerarbeit: In der Packstation werden die Bananen in handliche Portionen zerlegt und anschließend im Wasserbad gewaschen.

Der weltweite Bananenmarkt

Bananen sind das weltweit begehrteste Obst. Jährlich werden über 50 Milliarden Stück verkauft. Mit einem Anteil von jeweils 25 Prozent sind Chiquita und Dole Marktführer, gefolgt von Del Monte mit 15 Prozent, der ecuadorianischen Grupa Neboa mit neun und Fyffes mit sieben Prozent. Damit kontrollieren fünf Unternehmen 80 Prozent des Bananenmarktes. Von den großen Unternehmen arbeitet nur Chiquita mit der Rainforest Alliance zusammen, die inzwischen alle Bananen des Konzerns mit dem grünen Frosch auszeichnet. Versuche mit Bio-Bananen hat Chiquita ebenfalls unternommen, aber eine eigene Bio-Farm in Honduras wurde 2005 von einem Wirbelsturm zerstört. Der weltweite Anteil von Bio-Bananen liegt bei weniger als drei Prozent – die meisten werden von Kleinbauern in der Dominikanischen Republik, Ecuador und Peru erzeugt.

APFEL

VON MARTIN RASPER

In jedem Apfel steckt ein Paradies

DER APFEL, EINST EIN WAHRES KULTURGUT, IST LÄNGST ZUM INDUSTRIEPRODUKT VERKOMMEN. BEI DER REDUZIERUNG AUF DIE HANDVOLL SUPERMARKT-SORTEN IST MEHR VERLORENGEGANGEN ALS NUR EIN BISSCHEN ABWECHSLUNG. LIEBHABER ALTER SORTEN ZÜCHTEN FAST VERGESSENE BÄUME UND VERSUCHEN, DIE VIELFALT ZU RETTEN.

Weinröschen, Tiefenblüte, Sommerprinz: Äpfel sind Poesie. Öhringer Blutstreifling, Dithmarscher Paradies, Pfaffenhofer Schmelzling: Äpfel sind Heimat. Erdbeerapfel, Ananas-Renette, Gewürzluiken: Äpfel sind Geschmack. Geheimrat Dr. Oldenburg, Signe Tillisch, Gartenmeister Simon: Äpfel sind Geschichte. Doppelte Nonne, Krügers Dickstiel, Weigelts Zinszahler: Äpfel sind Volkskunst. Und vor allem: Vielfalt, unendliche, staunend machende Vielfalt. Zumindest könnten sie es sein.

Mehrere tausend Apfelsorten gibt es, gab es in Deutschland – wie viele genau, weiß niemand. Eher 10.000 als 5000, schätzen Experten. Manche, wie der Rote Eiserapfel, haben ein Dutzend Namen, andere hingegen gar keinen, weil sie einfach niemand getauft hat. Das war dann eben »der Baum in Opas Garten mit den kleinen gelben Äpfeln, den wir letztes Jahr fällen mussten«. Schade eigentlich.

Doch selbst die aneinandergereihten Namen der Apfelsorten, die bekannt sind und von denen noch Bäume stehen, wären viermal so lang wie dieser Text. Und dann, im Supermarkt: Elstar, Jonagold, Braeburn, Golden Delicious, Boskop, Pinova. Selten mehr als fünf, sechs Sorten, und überall dieselben. Der Apfel ist ein Industrieprodukt, gleichmäßig in Form und Größe, lagerungs- und transportfähig, geeignet für die Sortiermaschinen, in riesigen Mengen lieferbar. Seit dem Ende des 19. Jahrhunderts hatten Modernisierer des Obstbaus dies gefordert: Schluss mit dem »Sorten-Wirrwarr«, weg mit den »unzuverlässigen«, den »ertragsschwachen« und den »bestenfalls lokal bedeutsamen« Sorten. So wurde die Vielfalt auf niedrigstem Niveau bereinigt. Nicht nur in Deutschland. Der Apfel, so formuliert es der amerikanische Buchautor Michael Pollan, verwandelte sich dabei »in eine druckstellenfreie, künstlich-rote Süßstoffkugel«.

Von keiner anderen Kulturpflanze, den Reis ausgenommen, gibt es annähernd so viele Sorten. Die vielen Apfelsorten gäbe es allerdings nicht, wenn nicht der Mensch die Natur überlistet und sich ihre Vielfalt gezielt zunutze gemacht hätte. Die genetische

Vielfalt des Apfels hat nämlich einen Haken. Jeder Apfelbaum, der aus einem Kern wächst, ist ein Unikat, streng genommen eine Sorte für sich; mit seinen Eltern hat er bestenfalls eine gewisse Ähnlichkeit. Will ein Apfelzüchter eine Sorte reproduzieren, muss er Zweige des betreffenden Baums auf eine Unterlage aufpfropfen oder diese auf andere Weise mit der gewünschten Sorte veredeln. Daher stammen alle Äpfel einer Sorte von einem einzigen Urahn ab – der Ur-Golden-Delicious etwa stand im US-Bundesstaat West Virginia, wo er von einem alarmgesicherten Käfig geschützt wurde.

Nur durch die Veredelung, also durch die Vereinigung natürlicher Gegebenheiten mit menschlichem Geschick, konnte die Apfelkultur entstehen. Die Natur aber spielt mit den Genen der rund ein Dutzend Wildapfelarten, aus denen die Kulturäpfel hervorgegangen sind, ständig Lotterie. Bei jedem Sämling werden die Lose neu gemischt. Meist wird es ein unauffälliger Abkömmling; manchmal aber entsteht ein Volltreffer, der an die örtlichen Klima- und Bodenverhältnisse besonders gut angepasst ist.

Der Apfel ist aber nicht nur biologische Vielfalt, sondern auch ein Kulturgut. An ihm hing ein umfangreiches Alltagswissen, das nun zu verschwinden droht. Äpfel wurden angebaut, wo immer Platz dafür war; in den Städten in Stadtgärten, auf dem Land auf Streuobstwiesen. Äpfel wurden gekocht, gebacken, gedörrt, paniert, zu Kuchen und Kompott verarbeitet, zu Brei oder Gelee verkocht. Sie kamen in Suppen, Pasteten und Salate, wurden zu Saft gepresst, zu Most oder Apfelwein vergoren und zu Schnaps destilliert. Äpfel roh zu essen, ist eher eine Erfindung der Neuzeit. Bis dahin galt der Verzehr größerer Mengen als ungesund. Selbst der Slogan »An apple a day keeps the doctor away« ist keineswegs altes Volksgut, sondern entsprang einer Marketingkampagne in den USA am Anfang des 20. Jahrhunderts – was zeigt, dass die Entwicklung genauso wenig zwangsläufig war wie der jetzige Zustand unumkehrbar ist.

Genau dies gibt den Leuten Auftrieb, die die alten Sorten sammeln und erhalten. Dabei geht es nicht nur um die schiere Zahl der alten Sorten, sondern vor allem auch um die dazugehörigen Streuobstwiesen. Zahlreiche örtliche Initiativen kümmern sich inzwischen um alte Streuobstwiesen, legen neue an und ersinnen Strategien für die Vermarktung der Äpfel. Teilweise mit viel Fantasie, so wie Eckart Brandt, der in seinem »Boomgarden-Projekt« zwischen Hamburg und Cuxhaven über 800 traditionelle Apfelsorten versammelt hat. Sein größter Stolz ist der »Finkenwerder Herbstprinz« – eine altbewährte, leuchtend gelbrote, saftige Sorte, die Brandt mit Hilfe liebevoll geplanter PR-Aktionen zur regionalen Spezialität aufzubauen versucht. Wenn Brandt vom Herbstprinz schwärmt, von seinem »bodenständigen Charakter« und seiner »rauen, robusten Süße«, in der »die nahe See herübergrüßt«, dann füllt sich die Formel vom Kulturgut Apfel plötzlich mit strahlendem Leben. Der Genießer-Vereinigung Slow Food hat Brandts Einsatz so imponiert, dass sie den Finkenwerder Herbstprinz in ihre »Arche des guten Geschmacks« der zu rettenden regionalen Spezialitäten aufgenommen hat.

Erfolgreicher Naturschutz: Streuobstwiesen und hochstämmige Bäume prägen viele Obstkulturen.

Apfelpracht am Bodensee

In den Apfelanbaugebieten am Bodensee haben inzwischen auch die Behörden gemerkt, dass in der Vergangenheit etwas schiefgelaufen ist. Rund zwei Millionen hochstämmiger Obstbäume standen in den 50er Jahren des letzten Jahrhunderts am Bodensee und gaben der Landschaft ihre typische Prägung. Heutzutage steht höchstens noch ein Viertel, und das ist auf Dauer auch dem Tourismus nicht zuträglich. Um die verbliebenen Streuobstwiesen zu erhalten, haben sich in der Region Bodensee-Oberschwaben die Naturschutzverbände BUND und Nabu mit vier Saftkeltereien im so genannten Apfelsaftprojekt zusammengeschlossen. Sie kaufen Obst von Hochstämmen zum Festpreis von 17,90 Euro pro 100 Kilo. Die Bauern verpflichten sich dafür, ihre Hochstämme nicht zu spritzen und überalterte Bäume zu ersetzen.

ZITRONE

VON SUSANNE FRIEDMANN

Wo die Zitronen blühen

EINE SIZILIANISCHE KOOPERATIVE SETZT AUF BIO-ANBAU UND LIEFERT ZITRONEN, ORANGEN UND MANDARINEN IN DEMETER-QUALITÄT WEIT ÜBER DIE GRENZEN ITALIENS HINAUS. IM ARMENHAUS ITALIENS BEKOMMEN FELDARBEITER UND ANGESTELLTE EIN GUTES EINKOMMEN – UND SIND DESHALB MOTIVIERT, IM LAND ZU BLEIBEN.

»Sind sie nicht wie kleine strahlende Sonnen?« Francesco Salamita legt den Kopf in den Nacken und blickt hinauf in die Baumkrone, wo die prallen, gelben Früchte hängen. Der Himmel Siziliens schimmert durchs Geäst, das Blätterdach bricht das grelle Licht und macht es sanft. Wenn der Wind die Blätter bewegt, hört man sie rascheln und flüstern, als tauschten sie Geheimnisse aus, und die Augen von Francesco Salamita leuchten. Francescos Begeisterung für Zitronen und den biologischen Landbau ist noch immer so groß wie vor 35 Jahren. Damals war er 24 und hatte gerade sein Studium der Landwirtschaft an der Universität Turin abgeschlossen. Zurück in dem kleinen Städtchen Barcellona an der Nordküste Siziliens, überzeugte er Eltern, Onkel und Tanten davon, dass es sinnvoll und auch rentabel sei, den Familienbetrieb in eine Kooperative mit Bio-Produkten umzuwandeln: 1972 wurde »La Cooperativa Salamita« gegründet.

Ob die Eltern auf der eher konservativen Insel zunächst nicht doch skeptisch waren? Überhaupt nicht, versichert Francesco, im Gegenteil. Sizilianer seien ausgesprochen wissbegierige Menschen, aufgeschlossen für alles Neue – jedenfalls in seiner Familie. Er lacht. Seine Eltern wollten den frischen Wind, den die vier Jungs ins Haus brachten, gern durch ihr Unternehmen wehen lassen und dann mit voller Kraft voraus Richtung Zukunft fahren – Bedingung: Es muss allen guttun, der Familie, der Region, der Natur.

Francesco Salamita pflückt sich ein Sonnenfrüchtchen vom Baum, wiegt es in der Hand, spürt genau, wann die gelben Dinger erntereif sind. Er hat das in den Fingern, auch wenn er heute hauptsächlich mit Anbauberatung und Management beschäftigt ist. Er ritzt mit dem Daumennagel in die Schale. Ein feiner Tröpfchenstrahl schießt hervor, das duftende Schalenöl. »Als Kinder haben wir bei der Gewinnung des Öls mitgeholfen. Damals musste man es mit der Hand aus der Schale klopfen«, erzählt Francesco. Inzwischen schickt die Kooperative einen Teil ihrer Zitrusfrüchte in eine eigens dafür eingerichtete Firma, die mit einem ausgeklügelten maschinellen Verfahren das kostbare

ätherische Zitrusöl gewinnt. 1000 Kilo Zitronenschalen braucht man für 300 Gramm Öl. Inzwischen sind es 107 Bio-Betriebe aus allen Ecken Siziliens, die ihre Köstlichkeiten anliefern. Die Kooperative legt Wert darauf, dass ihre Bauern möglichst vielfältige Erzeugnisse anbieten und nur das anbauen, was an ihren Standorten auch optimal unter Bio-Bedingungen gedeiht. So gibt es inzwischen bei Salamita neben Zitronen, Orangen, Pampelmusen oder Mandarinen, die immer noch den Hauptanteil stellen, auch Broccoli, Karotten, Bohnen, Kohl, Fenchel, Tomaten und alle erdenklichen Sorten Salat.

Gemüse und Salate lagern höchstens einen Tag, die Zitrusfrüchte maximal drei Tage, dann werden sie in der Halle auf Förderbändern und Waschstraßen ausgelesen, gesäubert, zurechtgemacht, in Kisten gepackt und umgehend in Kühllastwagen geladen, die sie an ihren Bestimmungsort fahren. Nettes Detail am Rande: Jeder Wochentag ist für ein Land reserviert. Am Montag werden die Produkte für die Schweiz fertig gemacht, am Dienstag und Mittwoch die für Deutschland, der Donnerstag ist für Italien reserviert, der Freitag für die Niederlande, der Samstag für Österreich und Frankreich. Jede Kiste bekommt die Aufschrift »Salamita«, die Vertragsnummer des kooperierenden Bauern, das Packdatum und den Stempel »Demeter« oder »Bio« – je nachdem.

»Wir lieben diese Arbeit«, sagt Concetta Salamita und lacht. »Sie hat uns schon so viel Freude bereitet!« Stolz zeigt sie auf ein großes, neues Gebäude, das architektonisch ein wenig aus dem Rahmen fällt: Die Fenster haben keine rechten Winkel, das Dach wirkt etwas schief. Es ist nach anthroposophischen Gesichtspunkten gebaut. Im Innern ein Saal, in dem 200 Menschen Platz finden. Lichtdurchflutet, mit Wänden, die in verschiedenen Farben gestaltet sind, mit heller, funktionaler Bestuhlung. Hier, gleich neben der Obst- und Gemüsehalle, ein Ort für Kultur, für Bildung und Begegnung. Malkurse werden angeboten, es gibt Theater- und Tanzvorstellungen und einmal im Monat ein Konzert. Offen ist das Haus für jedermann. Ein Ziel der Kooperative Salamita ist es nämlich, weitere Landwirte für die biodynamische Anbaumethode zu gewinnen, weshalb Salamita den sizilianischen Verein für biodynamischen Landbau »Demetra« unterstützt, der in diesem Seminarhaus Vorträge, Kurse und Diskussionsrunden veranstaltet.

Wer das Etikett »biodynamisch« haben will, muss noch strengere Auflagen erfüllen als für andere Bio-Siegel. Nur eine bestimmte Art Kompost ist zugelassen, medizinische Heilpflanzen kommen zur Gesunderhaltung der Plantagen zum Einsatz, allein hochverdünnte Spritzungen mit organischen Stoffen sind zur Schädlingsabwehr erlaubt, und auch für das Wohlergehen der Menschen, die in einem biodynamischen Betrieb arbeiten, übernimmt der Chef ausdrücklich die Verantwortung. Jedes Jahr schreiben ein paar Studenten ihre Diplomarbeiten über Untersuchungen, die sie vor Ort durchführen. »Die jungen Leute von der Uni kommen gern und fühlen sich bei uns in der Kooperative wohl«, sagt Concetta Salamita. Ihr Mann Francesco fügt leise hinzu: »Unter einem Zitronenbaum ist das Klima einfach ideal für ein gutes Leben.«

Kostbarer Rohstoff: 1000 Kilo Zitronenschalen bringen 300 Gramm Zitronenöl.

Bio-Landbau in Italien

Bio-Landbau wird in Italien seit den 70er Jahren in größerem Stil betrieben. 2005 produzierten, verarbeiteten oder verkauften 47.000 Unternehmen biologische Lebensmittel. Nach Angaben des italienischen Dachverbands Federbio waren das 20 Prozent mehr Betriebe als noch 2004. Rund eine Million Hektar landwirtschaftlicher Fläche werden entsprechend den biologischen Anbaukriterien bewirtschaftet. Damit ist Italien Europas größter Bio-Produzent. Auf Sardinien und Sizilien haben vergleichsweise mehr Landwirte auf Bio-Anbau umgestellt als in allen anderen Landesteilen. 1,7 Milliarden Euro wurden 2005 in Italien mit Bio-Produkten erwirtschaftet, wobei die Abnehmer hauptsächlich aus dem Norden kommen. Weitere 0,7 Milliarden bringt der Export.

Wein und Bier

Weinland jenseits des Rheins: Frankreich ist mit einem Fünftel der Weltproduktion der größte Erzeuger der Welt, vor Italien und Spanien. Deutschland kommt auf einen Anteil von 3,5 Prozent.

VON SILVIA LIEBERMANN

Bier und Wein in Bio-Qualität sind bislang die Ausnahme. Nicht einmal fünf Prozent aller Winzer in Deutschland und noch weniger Bierbrauer setzen auf ökologischen Anbau. Dabei schätzen die Verbraucher auch in diesem Bereich Qualität und achten auf das Reinheitsgebot.

Deutschland ist berühmt für das Oktoberfest, für die Vielfalt an Bieren und das Reinheitsgebot. Fast 1300 Brauereien stellen über 5000 verschiedene Sorten her. Doch der Durst auf Bier hat hierzulande stark abgenommen. Während der Absatz 1999 noch bei 110 Millionen Hektolitern lag, waren es im Jahr 2007 nur noch 104 Millionen Hektoliter. Wein wird hingegen immer beliebter. 2007 erreichten die Deutschen beim Weinkonsum einen Rekord – mit durchschnittlich rund 20 Litern pro Kopf. Nicht ganz die Hälfte dieser Weine stammt aus Deutschland. Bei den Importeuren liegen Italien, Frankreich und Spanien vorn. Viel Geld wollen die Deutschen für ihren Wein allerdings nicht ausgeben: Nur 2,37 Euro zahlen sie im Durchschnitt für einen Liter. Immer mehr Winzer beschreiben ihre Arbeitsweise mit naturnah, umweltschonend, integriert oder ökologisch. Doch ist der Weinbau wirklich umweltfreundlicher geworden?

Wein wird in der Regel in Monokulturen angebaut und ist anfällig für Pilzkrankheiten und Schädlinge. Lange setzte man immer größere Mengen chemischer Spritz- und Düngemittel im Weinbau ein, was zu ausgelaugten Böden, resistenten Schädlingen und einem Rückgang von nützlichen Bodentieren führte. In den letzten ein bis zwei Jahrzehnten hat ein Umdenken eingesetzt: Die exzessiven Chemie-Anwendungen der Vergangenheit sind zurückgegangen. Nach Auskunft von Randolf Kauer, Professor für Weinbau an der Fachhochschule Wiesbaden, ist der so genannte integrierte Anbau heute Standard, an den sich etwa 95 Prozent der deutschen Winzer halten. Dabei sollen sich

Dünge- und Pflanzenschutzmittel am Bedarf der Pflanzen orientieren. Mit Bio-Weinbau hat dies jedoch nichts zu tun. Mit einer Ausnahme: Seit fast zwei Jahrzehnten arbeiten die Mitglieder der Winzergenossenschaft Auggen in Südbaden mit besonders umweltschonenden Verfahren und setzen nur noch gegen Pilze Fungizide ein.

Bio-Winzer verzichten ganz auf chemisch-synthetische Pflanzenschutzmittel und Dünger und entfernen Unkräuter mechanisch. Mit Hilfe von Pflanzentees, Algenextrakten und Gesteinsmehlen stärken sie die Reben. Während zwischen konventionellen Reben als Begrünung in der Regel nur Gras gepflanzt wird, um Erosion zu verhindern, blühen im ökologischen Weinberg viele unterschiedliche Pflanzenarten wie Klee, Luzerne und Wicken.

Trinken mit gutem Gewissen scheint also leicht: Man kauft eine Flasche Bio-Wein und unterstützt damit Winzer, die im Einklang mit der Natur arbeiten. Doch ganz so einfach ist es nicht. Denn auch ökologische Winzer kommen nicht ohne Pflanzenschutzmittel aus. Um die Reben vor Pilzerkrankungen zu schützen, dürfen sie Schwefel und Kupfer einsetzen. Das Schwermetall Kupfer reichert sich jedoch im Boden an und schädigt die Bodenlebewesen. Das Umweltbundesamt empfiehlt den Öko-Verbänden deshalb sogar, auf schneller abbaubare synthetische Pflanzenschutzmittel umzusteigen: »Wir sehen für Kupfer keine Zukunft mehr, es ist ein umweltschädlicher Stoff«,

sagt Wiebke Schwarzbach vom Umweltbundesamt. Immerhin: Die Öko-Verbände Ecovin und Naturland begrenzen den Kupfer-Einsatz auf die Hälfte der gesetzlich zugelassenen Menge.

Am umweltfreundlichsten könnten langfristig pilzresistente Rebsorten sein. Zahlreiche solcher Trauben, die überhaupt nicht mehr gespritzt werden müssen, gibt es bereits. Sie haben nur ein Problem: Sie heißen nicht Riesling oder Müller-Thurgau, sondern Johanniter oder Bronner. Da die robusten Neuzüchtungen noch weitgehend unbekannt sind, lassen sie sich schlecht vermarkten.

Trotz Kritik am Kupfer-Einsatz: Immer mehr Winzer steigen auf ökologischen Anbau um. In Europa steht Italien an erster Stelle, gefolgt von Frankreich und Spanien. Die Zeiten, in denen Bio-Weine häufig unter schlechter Qualität litten, sind vorbei. Im Gegenteil: Heute pflegen viele berühmte Weingüter ihre Reben ohne Chemie. Immer mehr arbeiten sogar nach der aufwändigen biodynamischen Bewirtschaftungsweise, bei der unter anderem die Mondphasen berücksichtigt werden. Auch in Deutschland setzen viele Spitzenwinzer auf ökologischen Anbau: »In punkto Bio-Engagement erleben wir eine sehr große Dynamik. Das ist kein Strohfeuer mehr, sondern schon fast ein Flächenbrand«, sagt Steffen Christmann, Präsident des Vereins Deutscher Prädikatsweingüter.

»Enthält Sulfide« oder »enthält Schwefeldioxid« kann man jetzt auf vielen Weinetiketten lesen. Mischen die Kellermeister seit neuestem Schwefel in den Wein? Nicht seit neuestem – schon in der Antike wurde Schwefel als Konservierungsmittel für Wein verwendet. Doch seit November 2005 schreibt eine EU-Richtlinie vor, dass der Zusatz gekennzeichnet werden muss, weil er möglicherweise Allergien auslösen kann.

Welche Mittel im Weinkeller sonst noch zum Einsatz kommen, muss derzeit noch nicht auf dem Etikett stehen. Das Sortiment an so genannten Schönungsverfahren ist jedoch groß: Gummi arabicum und Tannin versprechen fülligere Weine mit einem erhöhten »Mouthfeeling«. Zur Entfernung von Trübungen gibt es Hilfsmittel auf der Basis von Milcheiweiß oder Fischblase und für ein besseres Aroma Enzympräparate.

Für heftige Diskussionen sorgt ein Verfahren, das bislang hauptsächlich aus den USA bekannt war und seit kurzem auch in der EU zugelassen ist: Winzer müssen den Rebensaft nicht mehr monatelang in teuren Barriquefässern lagern, um das beliebte Eichenholzaroma hineinzuzaubern. Schneller und billiger geht es mit Holzspänen, die man wie große Teebeutel einfach in Tanks und Fässer hängt. Spitzenwinzer lehnen das Verfahren ab: »Die Prädikatsweingüter stehen für die Ideale der terroirgeprägten, handwerklichen Weinbereitung«, heißt es beim Verein Deutscher Prädikatsweingüter in einer Erklärung gegen die Holzchips. Die Firma Erbsloeh, die »Okay-Vin-Chips für den internationalen Weintyp« verkauft, sieht hingegen nichts Verwerfliches in der

Hopfen und Malz: Während bereits fünf Prozent des Weins in Bio-Qualität erzeugt werden, gibt es nur wenige Bierbrauer, die auf Öko-Anbau achten.

Handarbeit als Qualitätsmerkmal: Je höher die angestrebte Weinqualität, desto wichtiger ist die Lese von Hand. Dann werden nur die wirklich reifen Trauben geerntet. Der Winzer muss allerdings mehrmals durch den Weinberg.

Verwendung von Holzspänen. Im Gegenteil – sie seien viel umweltfreundlicher. Wegen des geringeren Holzbedarfs würden sie den Bestand des langsam nachwachsenden Rohstoffs Eichenholz schonen, so die Firma.

Beim Bier konnten sich die Konsumenten früher ganz sicher sein: Jede Flasche und jedes Fässchen, das sie in Deutschland kauften, enthielt nichts außer Wasser, Malz, Hopfen und Hefe. Auch Importeure mussten sich an das Reinheitsgebot anno 1516 halten. Dies änderte die EU im Jahr 1987. Seitdem dürfen ausländische Biere auch mit Zusatzstoffen in Deutschland verkauft werden. Der Bayerische Brauerbund ärgerte sich über das Urteil: »In Zeiten, in denen die Konsumenten größten Wert auf von chemischen Zusatzstoffen und Rückständen unbelastete Nahrungsmittel legen, rückt man mit einem ‚liberalen' Standpunkt einem Lebensmittel zu Leibe, das erwiesenermaßen seit bald 500 Jahren ohne derartige Zusätze herstellbar ist«, kritisierten die Brauer. Allerdings werden die meisten Importbiere trotzdem nach dem Reinheitsgebot gebraut.

1998 wurden die strengen deutschen Vorschriften für Bier weiter gelockert. Seitdem sind Zusatzstoffe auch in deutschem Bier kein Tabu mehr – zumindest theoretisch. Bier kann jetzt technische Helfer enthalten, darf dann allerdings nicht mehr mit dem Reinheitsgebot beworben werden. In der Praxis hat sich wenig geändert: Die deutschen Brauer halten sich weiterhin an das Reinheitsgebot.

Dieses lässt sich aber noch strenger auslegen. »Das Reinheitsgebot beginnt auf dem Acker«, sagt Franz Ehrnsperger, Chef der Firma Lammsbräu, die mittlerweile zu Europas größter Bio-Brauerei angewachsen ist. Getreide und Hopfen für deren Bio-Bier liefern gut 100 Bauern aus der Region. Etwa 4000 Hektar Fläche bewirtschaften sie ökologisch, ohne chemische Pflanzenschutz- und Düngemittel.

Lammsbräu war 1987 die erste deutsche Brauerei mit Bio-Bier – mittlerweile sind einige weitere hinzugekommen. Die Öko-Brauer verwenden nur Hopfen ohne die sonst übliche Schwefelung, brauen mit unbehandeltem Wasser und verzichten auf Einwegverpackungen. Noch ist Bio-Bier eine kleine Nische. Auf der Messe Biofach 2008 präsentierte sich jedoch eine ganze Reihe fantasievoll klingender Sorten, vom »Luchs Bier Dinkel« bis zum »Bio-Vollmondbier«. Und auch eine Großbrauerei mischt mit: die Flensburger Brauerei hat seit kurzem eine Öko-Variante im Sortiment.

Pestizide im Wein

»Die lang verbreitete Annahme, dass Wein keine Pestizidrückstände aufweist, ist widerlegt«, gibt die Umweltorganisation Greenpeace im Frühjahr 2008 bekannt. Eine Untersuchung von 34 konventionellen und sechs ökologischen Weinen hatte ergeben: Alle konventionellen Weine waren mit Pestiziden belastet, bei den Bio-Weinen war es einer. In der Regel fanden die Tester mehrere Rückstände in einer Probe – darunter auch Wirkstoffe, die als gesundheitlich besonders bedenklich gelten. Bislang gingen viele Experten davon aus, dass Chemikalien auf den Trauben durch die alkoholische Gärung weitgehend entfernt werden und konventionelle Weine damit pestizidfrei seien.

LAMMS-BRAEU

VON CLAUS BIEGERT

Brauer mit grünem Blut

BEREITS IN DEN 80ER JAHREN HAT DIE NEUMARKTER LAMMSBRÄU DIE ERSTEN ÖKOLOGISCHEN BIERSORTEN AUF DEN MARKT GEBRACHT, SEIT 1995 SIND SÄMTLICHE SORTEN UMGESTELLT. 1992 WURDE DIE ERSTE GANZHEITLICHE ÖKO-BILANZ IM UNTERNEHMEN ERSTELLT.

Ortstermin Oberpfalz: Ein roter Ziegelschlot weist den Weg zur Neumarkter Lammsbräu. Zarter Malzgeruch verbindet die Gebäude, legt auch in den Büros eine Duftspur. Franz Ehrnsperger, in sechster Generation Inhaber und Geschäftsführer der kleinen, 375 Jahre alten Brauerei, hat sich Zeit genommen an diesem Montagmorgen. Er erzählt erst einmal die Geschichte von Himmel und Hölle. Kommt einer an die Himmelspforte. Petrus gewährt ihm Einlass, doch der Neuling will, bevor er sich für den Himmel entscheidet, die Hölle in Augenschein nehmen. So geschieht es. Er sieht dampfende, wohlduftende Suppentöpfe, umgeben von Elendsgestalten. Warum sie nicht essen, will er wissen. Sie können nicht, sagt Petrus und deutet auf die Löffel, deren Stiele so lang sind, dass sie sich nicht zum Mund führen lassen. Der Neuankömmling erkennt die Qual, und es drängt ihn, den Himmel zu sehen. Dort, zu seiner Überraschung, die gleichen dampfenden Töpfe, die gleichen langstieligen Löffel – die Menschen jedoch satt und glücklich. Er wundert sich. Hier füttern sie sich gegenseitig, erklärt Petrus. Für den Braumeister, Firmenchef und Doktor des Steuerrechts ist die Geschichte ein Gleichnis für kooperatives, achtsames Wirtschaften: »Der sorgsame Umgang mit dem Boden, den tierischen und pflanzlichen Geschöpfen, die für uns zu Lebensmitteln werden; die Energiegewinnung und Wasserversorgung, der Transport, die Verantwortung gegenüber den Bauern, den Mitarbeitern in der Brauerei und unseren Kunden«, dies alles gehört für ihn dazu, wenn er von »Öko« spricht.

Seit seinem Entschluss vor über 25 Jahren, vom konventionellen Braugeschäft Abschied zu nehmen, hat sich die Brauerei mit ihren 80 Angestellten und über 100 regionalen Zulieferern zu einem ökologischen Vorzeigemodell entwickelt – weit über die Region hinaus. Seinen Erfolg hat man ihm in der Branche jahrelang übel genommen; als unlauterer Wettbewerb gar wurde seine Entscheidung beschimpft, künftig biologisch zu wirtschaften. »Unser viel zitiertes Reinheitsgebot von 1516 hat aber nichts mit der Reinheit der Rohstoffe zu tun.« Es besagt bloß, dass außer Wasser, Hopfen und

Malz keine anderen Zutaten im Bier enthalten sind. »Bayerisches Bier ist weltberühmt geworden in einer Zeit, als es noch keine Chemie gab, dahin will ich wieder zurück«, proklamierte er. Dort ist er inzwischen angekommen – zurück in der Zukunft.

Im Kreis der Brauereiverbände spotteten sie hinter seinem Rücken, dass da ein Spinner das Reinheitsgebot neu erfinden wolle. Er soll sie nur reden lassen, er sei auf dem richtigen Weg, ermutigte ihn seine Frau Hemma in der Anfangsphase. Der Chef, schon wegen seiner 200 Zentimeter alles überblickend, bewegt sich durch den Betrieb wie einst, als er die Reife- und Gärungsprozesse selbst überwachte. Zur Abfüllanlage führt der Weg durch kalte Gewölbe, vorbei an den Tanks aus Edelstahl, die vormals aus Aluminium und davor aus Eiche waren.

Über »Geiz ist geil« kann Franz Ehrnsperger, der gern lacht, nicht mehr lachen, da hat er sofort den Boom von Billigbier vor Augen. Schnell skizziert er das Szenario hinter dem Slogan: »Wenn die Menge an Billigbier nach unseren Maßstäben in mittelständischen Brauereien produziert würde, ergäbe das 9400 neue Arbeitsplätze.« Gerechtigkeit habe aber auch einen Geldpreis: »Beim Kauf einer Kiste Oettinger zahlt der Verbraucher einen Lohneinkommensanteil von 66 Cent, bei uns sind es pro 20er-Kasten 4,09 Euro.« Der Bierschöpfer gilt als besonnener Kopf, trotzdem legt er sich gerne an. Zum Beispiel mit Gottes Stellvertretern auf Erden. Weil er als bekennender Katholik und Gegner von Atomkraft und gentechnisch verändertem Getreide von seiner Kirche ein Bekenntnis einfordern möchte: die Schöpfung zu bewahren – nicht nur in Worten, sondern auch in Taten. Doch »die Herren der Diözese Eichstätt halten es nicht einmal für nötig, mir zu antworten«.

Wir stehen im Hof, vor uns am Boden ein Ölfleck, auf den er nicht ohne Stolz deutet: »Völlig ungefährlich!« Hier fahren die Bierlaster mit kalt gepresstem Pflanzenöl. »Auch ich tanke ‚Salatöl' an unserer Zapfsäule und fühle mich dann gut hinter dem Steuer.« Aus der Natur hat sich der Grünblütige noch andere Helfer geholt: Vom Feldboden bis zur Mälzerei wird die Gerste von Mikroorganismen begleitet, die schädlichen Pilzbefall verhindern.

Lebensfreude und Freude am Geschäft scheinen sich die Hand zu geben in diesem entspannten Geschäftsmann. Wir sitzen inzwischen bei einem Weizen unterm Sonnenschirm. Sein Geheimnis? Er wird ernst: »Sie hätten mich früher kennen sollen. Ich war ein Arbeitstier. Meine Frau lag mir in den Ohren, ich würde mit allem und allen ökologisch umgehen, nur nicht mit mir; ich habe nicht auf sie gehört, bis das Vorhofflimmern kam.« Ruhig berichtet er von den Elektrostößen in der Klinik. »Dass ich rechtzeitig einen anderen Gang eingeschaltet habe, verdanke ich meinem rebellierenden Herzen.« Am Wochenende hat er meditiert und mit seinen vier Enkeln gespielt. Er lacht. In ihnen seien bereits erste Anzeichen zu erkennen, das Familienunternehmen in der achten Generation weiterzuführen: »Sie lieben den Schaum vom Alkoholfreien!«

Vorreiter aus der Provinz: Lammsbräu war die erste Brauerei mit einem Öko-Bier.

Bier ohne Gentechnik

Nie zuvor hat sich der Mensch so konsequent und auf unbestimmte Zukunft in natürliche, über Millionen von Jahren gewachsene Strukturen eingemischt wie bei der Grünen Gentechnik. Gentechnische Manipulationen sind im Bauplan der Natur nicht vorgesehen. Es gibt »keinen einzigen zwingenden Grund, Bier oder andere Lebensmittel mit Hilfe der Grünen Gentechnik herzustellen. Nutznießer sind einzig eine Handvoll weltweit operierender Unternehmen«, schreibt die Neumarkter Lammsbräu auf ihrer Webseite. »Wir zeigen der Grünen Gentechnik die Rote Karte! Deshalb haben wir alle Landwirte und andere Lieferanten verpflichtet, uns ausschließlich GVO-freie Rohstoffe zur Verfügung zu stellen. Wir selbst kontrollieren jede einzelne Charge auf GVO (gentechnisch veränderte Organismen).«

BIONADE

VON CLAUS BIEGERT

Brauer mit süßer Vision

BIONADE IST EIN ERFOLGSBEISPIEL AUS DER PROVINZ. MIT WACHSTUMSRATEN VON JÄHRLICH BIS ZU 300 PROZENT VERKAUFT SICH DAS KULTGETRÄNK MITTLERWEILE. 1997 KAM ES ERSTMALS AUF DEN MARKT. INZWISCHEN WERDEN JÄHRLICH ÜBER 200 MILLIONEN FLASCHEN VERKAUFT.

Draußen in der Prärie, sagen wir in Nebraska, findet man solche wie ihn: Unbeirrte, mit erfinderischem Geist und eigensinnigem Haar und eigener Weltsicht, misstrauisch erst und später innig. Die Rhön ist so etwas wie Prärie – stadtfern und karg, von sprödem Reiz. Hier lebt Dieter Leipold, gelernter Brauer und ein Grübler, dem das leibliche Wohl am Herzen liegt – das eigene und das seiner Mitmenschen. Doch mit den Mitmenschen hat er so seine Probleme. Kollegen und Professoren griffen ihn an und sich an den Kopf, sobald er sie ins Vertrauen zog: »Eine Limonade mit Hilfe von Mikroorganismen – bist du verrückt?« So mokierten sie sich damals in Weihenstephan, so reagierten sie auf Produktmessen, so begegneten sie ihm im Dorf. Leipold schaltete auf Durchzug und zog seinen Plan durch. Als sein Getränk fertig war, gab er ihm einen Namen, sorgte für einen Nachfolger und verabschiedete sich aus dem Tagesbetrieb der Brauerei.

Seine Schöpfung hieß Bionade. »Ich hatte damals mit ‚Bio' gar nichts am Hut, ich wollte nur deutlich machen, dass der Entstehung der Limonade ein biologischer Prozess zugrunde liegt«, bekennt Leipold. »Mir war es gelungen, aus einem Kombucha-Pilz jene Bakterien zu isolieren, die den Malzzucker nicht wie gewohnt in Alkohol umwandeln, sondern in Gluconsäure. Diese Säure finde ich sonst nur im Honig. Damit habe ich mehr Süßkraft und brauche weniger Zucker, und der verwandelt sich in Fruchtzucker.« Dazu noch Kalzium und Magnesium, Kohlensäure, Frucht- oder Kräuteressenzen – fertig. Und inzwischen, 13 Jahre später, stammt alles aus ökologischem Anbau. Bionade – eine deutsche Erfolgsstory: Bionade hat Wachstumsraten von bis zu 300 Prozent, 2006 wurden 60 Millionen Flaschen ausgeliefert, 2007 waren es mehr als dreimal so viel. Doch bevor das Glück in die Prärie kam, war die kleine Brauerei vor dem Konkurs.

Leipold sitzt auf der dunkelgrauen Ledercouch, das weißgraue Haar fest und dicht, immer wieder eine Filterlose zwischen den Fingern, und erzählt aus dem Tagebuch des Familienbetriebs. Einmal hatten sie, um die Pleite abzuwenden, hinter der Brauerei eine

Disco angebaut. Wilde Zeiten. Aus Frankfurt und Fulda kamen die Gäste, viele GIs vor dem Weiterflug an den Golf. Und hinter den Kulissen parallel die Entwicklung seiner süßen Vision. Mit Grausen erinnert er sich an den Geschmack seiner ersten fermentierten Limo: »Fürchterlich!«

Das geschäftliche Hochdeutsch ist inzwischen einem weichen Fränkisch gewichen. Zwischendurch macht er Gesten mit dem Daumen nach hinten über die rechte Schulter – neben dem Schlafzimmer ist sein Labor – und seitlich ins Esszimmer, dort steht seine energetische Prüfungsapparatur. Fließend kommen die Geschäftsdetails, biografische Fragen scheint er nicht gewöhnt zu sein. »Brauer war mein Traumberuf.« Als er seinen Meister hatte, ging er auf Wanderschaft, heuerte in den 50er Jahren in sieben Brauereien an, schuf sich so sein eigenes Bierwissen, bevor er sich in Weihenstephan das Diplom holte. In der Brauerei Peter blieb er schließlich hängen, heiratete seine Chefin und verschanzte sich mit seinen Bakterien in seinem Privatlabor.

Als 1995 die ersten Bionade-Flaschen aus der Ostheimer Abfüllanlage kamen, stopfte er sie in den Kofferraum seines alten Benz und fuhr mit Peter Kowalsky, dem Sohn aus der ersten Ehe seiner Frau und heutigen Geschäftsführer, durch die Rhön. Von 24 Lokalen setzten drei das neue Produkt auf die Karte. »Wenn's einer saufn will, meinedwechen, ich drink's ned«, solche Sätze klingen den beiden noch in den Ohren. Aber dann war da der Getränkegroßhändler Göttsche aus Hamburg, der nahm 1997

Bionade in sein Sortiment auf. Für den Durchbruch war eine Panne verantwortlich: Ein Geschäft mit Budapest war geplatzt, aber die Flaschen hatten schon ihr ungarisches Etikett. Statt nach Süden schickte Kowalsky die Lieferung nach Norden zu Göttsche, und dort wurde der vermeintliche Sprudel aus der Puszta zum Kultgetränk der Alster-Szene.

Dieter Leipold wechselt von der Couch zum Tisch im Esszimmer. Darauf steht das von ihm entwickelte, auf der Zahl 64 aufgebaute Energiemesssystem. Wenn er Substanzen prüft, die reich an Lebensenergie sind, schlägt ein rechtwinklig gebogener Kupferstab in seiner rechten, an die Tischkante gedrückten Hand aus. »Ich lass selten jemanden hier rein«, sagt er ernst, »über mich haben sie sich lange genug lustig gemacht.« Die Augen werden schmal. »Wir essen Dinge, die den Namen Lebensmittel nicht verdienen. Mich interessiert, wie viel Heilkraft etwa in einem Getränk steckt.«

Aus dem Hof der Ruf zum Aufbruch. Seit gestern tagen die Außendienstmitarbeiter, und heute wird auf dem Öko-Hof des Hauptzulieferers das Abendessen gereicht: rösche Haxe vom Bio-Schwein, dazu Bio-Bier und Bionade. Bierbänke im Freien, ein leiser, lauer Wind, Peter Kowalsky ist da mit Frau und Tochter, Dieter Leipold und Sigrid stoßen mit jedem an; allen ist anzusehen, dass sie glücklich sind. 30 neue Arbeitsplätze hat Bionade in die kleine Peter-Brauerei gebracht. Seit sich herumgesprochen hat, dass sie dort Gerste und Holunder aus ökologischer Kultur brauchen, haben sich im letzten Jahr zahlreiche Bauern der Region entschlossen, dem konventionellen Anbau abzuschwören.

Kultige Limo: Bionade ist derart erfolgreich, dass das Unternehmen die Nachfrage kaum decken kann.

Weltweit einzigartig

Bionade ist das weltweit einzigartige alkoholfreie Erfrischungsgetränk, das durch Fermentation nach dem Brauprinzip rein biologisch hergestellt wird. Mit viel Kalzium und Magnesium. Und mit natürlichen Essenzen aus Früchten und Kräutern. Die Absatzentwicklung beeindruckend: zwei Millionen Flaschen im Jahr 2002, sieben Millionen im Jahr 2004, 20 Millionen im Jahr 2005, 70 Millionen im Jahr 2006, 200 Millionen im Jahr 2007. Wer keinen Händler um die Ecke hat, der Bionade im Sortiment führt, kann sich das Getränk auch per Direktversand ins Haus liefern lassen: Infos unter *www.bionade.de*

SCHNEIDER WEISSE

VON GEORG ETSCHEIT

Der Familien-Betrieb

DIE BAYERISCHE WEISSBIERBRAUEREI SCHNEIDER HAT SICH DURCH VORBILDLICHES PERSONALMANAGEMENT EINEN NAMEN GEMACHT. DIE BRAUGERSTEBAUERN VERZICHTEN AUF DIE INTENSIVE STICKSTOFF-DÜNGUNG, DAMIT DIE NATUR INTAKT BLEIBT UND DAS BIER GUT SCHMECKT.

Wer als Neuling in ein Unternehmen kommt, fühlt sich erst einmal wie auf einem anderen Stern. Überall unbekannte Gesichter, Türen, hinter denen Unbekanntes wartet. »Am Anfang kennt ein neuer Mitarbeiter doch noch nicht einmal den Weg zur Toilette«, sagt Georg Schneider im etwas derben Dialekt eines geborenen Niederbayern. Schneider ist Chef der weltbekannten Weißbierbrauerei Schneider Weisse in Kelheim an der Donau. Der Familienbetrieb wurde 2007 im Mittelstandswettbewerb »Top Job« zum »Arbeitgeber des Jahres« gekürt. Ehre verpflichtet. Und dazu gehört eben auch, jedem Neuankömmling einen erfahrenen Mitarbeiter, einen »Paten«, an die Seite zu stellen, der die ersten Schritte im Unternehmen begleitet und beim Eingewöhnen hilft.

Schneider ist in sechster Generation Inhaber der Weißbierbrauerei – und alle seine Vorfahren an der Spitze des Unternehmens trugen den gleichen Vornamen: Georg. »Ein schönes Beispiel für Nachhaltigkeit«, scherzt der Chef. Die Private Weissbier-brauerei G. Schneider & Sohn GmbH, so die offizielle Bezeichnung, wurde 1872 von Georg Schneider I. in München gegründet. Im Zweiten Weltkrieg wurde die Braustätte zerstört und die Produktion deshalb 1946 ins niederbayerische Kelheim verlagert, in die älteste Weißbierbrauerei Bayerns. Der erste Sud wurde hier bereits vor 400 Jahren, am 16. April 1608, eingebraut. 300.000 Hektoliter verlassen jedes Jahr die Brauerei und werden in alle Welt vertrieben.

Qualität geht vor Quantität – so lautet der Leitsatz des Unternehmens. Das gilt für das Bier, das streng nach dem Reinheitsgebot noch in offenen Gärbottichen vergoren wird und dann in der Flasche einen Nachgärungsprozess durchmacht. Und eben auch für die Art und Weise, wie man mit den Dingen umgeht, ohne die kein gutes Bier gebraut werden könnte: mit den eigenen Mitarbeitern und Zulieferern, die das Unternehmen motiviert und fördert. Und mit der Natur, die intakt bleiben soll – stammen aus ihr doch die Rohstoffe für den Gerstensaft.

Schneider arbeitet seit 15 Jahren mit Landwirten der Umgebung zusammen, die auf intensive Düngung und Gifteinsatz verzichten und allein 70 Prozent der Braugerste

liefern. Das schont die Umwelt, hat aber auch einen technischen Hintergrund: Zu viel Stickstoff in der Braugerste macht das Bier bitter und kratzig. Einen geringeren Ertrag pro Hektar gleicht Schneider durch eine Abnahmegarantie und durch Abnahmepreise aus, die über Marktniveau liegen. Öko-Bier hat die Brauerei allerdings nicht im Angebot. »Wir sind ja schon nah dran an Öko. Eine komplette Umstellung will ich meinen Bauern aber nicht zumuten.«

Die besondere Fürsorge für die etwa 100 Mitarbeiter von Schneider Weisse beginnt beim Bewerbungsgespräch. »Wir schildern den Arbeitsplatz mit allen Vor-, aber auch Nachteilen, damit sich der Bewerber wirklich ein vollständiges Bild machen kann«, sagt Schneider. So dürfen die Mitarbeiter in spe mit ihren zukünftigen Kollegen sprechen und sich an deren Arbeitsplatz umschauen. Im Bewerbungsgespräch nennt Schneider die aktuellen Umsätze und Gewinne. »Wir sagen den Leuten offen, ob es uns gut oder schlecht geht«, betont Schneider. »Das gehört einfach dazu.« Zu einem ganzheitlichen Personalmanagement zählt natürlich die Frage der Arbeitszeiten. Hier zeigt sich Schneider ungewöhnlich flexibel. »Wir haben 15 Mitarbeiter in der Verwaltung und 13 verschiedene Arbeitszeitmodelle.« Das reicht von der Vier-Tage-Woche über den Heimarbeitsplatz bis zum Job-Sharing zwischen Ehepartnern. In den Abteilungen Technik und Logistik gibt es Jahresarbeitszeitkonten. Weil im Sommer der Durst der Kunden auf Weißbier größer ist als im Winter, »haben wir mehr Skifahrer im Unternehmen als

Segler«, scherzt Schneider. Ein wichtiges Thema bei Schneider ist das lebenslange Lernen. Die Brauerei unterhält eine eigene Weiterbildungsakademie, die allen Mitarbeitern kostenlos offensteht. Hier kann sogar der Gabelstaplerfahrer einen Lehrgang in Personalmanagement belegen. Allerdings muss er, weil der Kurs für seinen Job ja nicht unbedingt gebraucht wird, hierfür ein Wochenende oder ein paar Urlaubstage hergeben. Manager können einen solchen Lehrgang in ihrer regulären Arbeitszeit absolvieren.

Das auch in anderen Betrieben übliche »Vorschlagswesen« heißt bei Schneider »Ideenmanagement«. Jeder Mitarbeiter ist aufgefordert, pro Jahr mindestens vier Verbesserungsvorschläge zu machen. Die versanden dann nicht in der Firmenbürokratie. »Zwischen der Annahme oder Ablehnung eines Vorschlags vergeht bei uns nur eine Woche«, sagt Schneider. »Lange Wartezeiten frustrieren doch nur und entmutigen die Leute, Vorschläge zu machen.« Schneider legt großen Wert auf ein gutes Betriebsklima. Zu den regelmäßigen Feiern und Firmenausflügen werden auch ehemalige Beschäftigte eingeladen. »Wir verstehen uns als eine große Familie und wollen alle integrieren«, sagt Schneider, nennt aber auch einen betriebswirtschaftlichen Grund für die Fürsorge: »Die Rentner haben doch alle Enkel. Und die können wir vielleicht einmal als neue Mitarbeiter rekrutieren.«

Qualität vor Quantität: Das ist der Grundsatz der privaten Weißbierbrauerei Schneider Weisse. Das Bier wird in offenen Bottichen vergoren.

Solarbier aus Franken

Vom Kochen des Suds über das Kühlen des Biers bis zur Flaschenreinigung: Eine Brauerei braucht viel Energie. Und das ist schlecht fürs Klima. Deswegen hat die Felsenbräu-Privatbrauerei im fränkischen Thalmannsfeld Deutschlands erstes »Solarbier« kreiert. Die Energie zur Herstellung stammt ausschließlich aus regenerativen Quellen: aus Solarkollektoren, einer Holzhackschnitzel- sowie einer Biogasanlage, in der Gase, die beim Brauen anfallen, zu Strom verarbeitet werden. Gekühlt wird, wie anno dazumal, mit Natureis. In den tiefen, kühlen Felsenkellern der kleinen Brauerei werden im Winter Holzgestelle mit Wasser besprüht. Die so gewonnenen Rieseneiszapfen dienen im Sommer als natürliches Kühlmittel.

TAUBER-WINZER

VON GEORG ETSCHEIT

Der Region ihren Geschmack zurückgeben

NEUN WINZER AM FLÜSSCHEN TAUBER HABEN SICH AUF EIN REINHEITSGEBOT FÜR WEIN VERPFLICHTET. DAMIT SOLL DER TAUBERWEIN EIN COMEBACK ERLEBEN – UND DER ALTEN WEINTRADITION DES TALES ZU NEUEM LEBEN VERHELFEN.

Wenn man an dem kleinen fränkischen Flüsschen Tauber entlangfährt, das sich von seiner Mündung in den Main bei Wertheim bis zum weltberühmten Touristenmekka Rothenburg schlängelt, entdeckt man fast nirgendwo Weinberge. Dazu muss man in eines der zahlreichen Seitentäler abbiegen. Erst dort sieht man, wie sich die mit Reben bestandenen Hügel, meist nach Süden, der Sonne entgegenstrecken.

Das unscheinbare Weinland an der Tauber ist in viele kleine »Inseln« zersplittert. Ideal ist auch die amtliche Aufteilung der Region in die drei Weinbaugebiete Franken, Württemberg und Baden nicht. Obwohl der Tauberwein, wie Kenner sagen, geschmacklich den begehrten Tropfen aus Mainfranken ähnelt, fühlen sich die Tauberwinzer nirgendwo richtig zugehörig. Und das ist nicht gut fürs Marketing. Vielleicht auch ein Grund dafür, dass Wein von der Tauber (noch) zu den Geheimtipps von Weinliebhabern gehört. Dabei ist das Tauberland ein uraltes Weinanbaugebiet. Seit mindestens 1000 Jahren werde hier im Tal Wein angebaut, sagt der Öko-Winzer Norbert Geier aus Königheim bei Bad Mergentheim. Zu den besten Zeiten waren im Taubertal 10.000 Hektar mit Reben »bestockt«. Dann trat im 19. Jahrhundert die Reblaus auf und zerstörte unzählige Weinberge. Die Tauberregion hat sich von diesem Desaster nie erholt. Heute wachsen Reben gerade mal auf 1100 Hektar.

Jetzt aber sollen die Tauberweine ein Comeback erleben. Dazu haben Geier und sieben weitere Winzer der Region ein Bündnis geschmiedet. Gemeinsam geben sie die »Edition Taubertal« heraus. Weine mit dem »te«-Zeichen sollen sich an den alten Weinbautraditionen des Tales orientieren. Das ist der Grund dafür, dass es te-Weine nur als Cuvées gibt, als Verschnitt mehrerer Traubensorten. Die wurden im Taubertal einst im »gemischten Satz« angebaut: In einem Weinberg wuchsen nebeneinander verschiedene Rebsorten. Heute wird reinsortig gepflanzt; die für die »Komposition« verwendeten Traubensorten müssen aber in benachbarten Weinbergen gewachsen sein. Bei Norbert Geier sind das etwa Sylvaner und Müller-Thurgau, die eine süffige Cuvée ergeben.

Was die Editions-Weine von anderen Tauberweinen unterscheidet, ist in der »Wein-Qualitäts-Charta« niedergelegt, eine Art Reinheitsgebot für die Weinerzeugung an der Tauber. Darin haben sich die teilnehmenden Winzer im Jahr 2005 zur Einhaltung strenger Qualitätsrichtlinien verpflichtet, die deutlich über gesetzliche Anforderungen hinausgehen. Denn längst ist Wein ja nicht mehr das »reine«, naturbelassene Produkt, das sich viele Kunden wünschen. Technisch ist heute fast alles machbar im Weinberg und im Keller – und es wird gemacht. Die Tauber-Edition garantiert eine unter den teilnehmenden Winzern abgestimmte Anbau- und Ausbauqualität.

Die Winzer der Tauber-Edition haben sich in der Charta freiwillig dazu verpflichtet, keine Unkrautvertilgungsmittel und Insektizide zu verwenden. Mit der chemischen Keule darf nur noch gegen die gefürchteten Pilzkrankheiten angegangen werden. »Der völlige Verzicht auf Chemie, wie er im Öko-Weinbau verlangt wird, war den anderen Winzern zu weitgehend und zu gefährlich«, sagt Geier, der selbst neben den Editions-Weinen Bio-Weine produziert. Untersagt ist auch, Lesemaschinen einzusetzen, die die Beeren recht unsanft von ihren Stielen rütteln. »Nur die selektive Handlese garantiert, dass die Trauben im optimalen Reifezustand gelesen werden«, sagt Geier. Der maximale Ertrag ist auf 50 Liter pro Ar (100 Quadratmeter) begrenzt. Dadurch wird der Wein konzentrierter und gehaltvoller. Das offizielle Weingesetz erlaubt Erträge von 90 Litern pro Ar. Editions-Weine dürfen nur aus »Traditionssorten« hergestellt werden. Das sind im

Taubertal die weißen Sorten Sylvaner, Grau- und Weißburgunder, Riesling und Traminer sowie die roten Sorten Schwarzriesling, Spätburgunder und Tauberschwarz, eine nur an der Tauber verbreitete Rebe. Als einzige Neuzüchtung ist der Müller-Thurgau erlaubt. Alle Rebstöcke müssen ein Mindestalter von sieben Jahren haben.

Auch für die Weinbereitung, die der Winzer »Ausbau« nennt, gelten bei den Tauberwinzern strenge Vorschriften. Als Zusatzstoffe im Wein erlaubt sind nur Reinzuchthefen (für die Gärung) und Schwefel (zur Haltbarmachung). All die anderen modernen Helferlein sind tabu in Holzfass oder Stahltank. Etwa Enzyme, die dem Wein eine intensivere Farbe verleihen, Aromahefen, die für auffällige Geschmacksnoten sorgen, oder spezielle Hilfsmittel zum Klären des Weins. Auch die schon vielfach praktizierte künstliche Mostkonzentration mit Hilfe von Hightech-Apparaturen oder der chemische Säureabbau wird von den te-Winzern abgelehnt. Fast unnötig zu sagen, dass die Editions-Bauern auch mit der Grünen Gentechnik nichts am Hut haben.

Wer Weine der Tauber-Edition kaufen will, sollte sich sein Kontingent frühzeitig reservieren. Denn te-Kreszenzen werden nur in guten Jahrgängen produziert.
Otto Geisel, der Hotelier aus Bad Mergentheim ist Mitglied der Slow-Food-Bewegung und hat die Qualitäts-Charta mitentwickelt. »Es geht darum, der Region ihren Geschmack zurückzugeben.«

Öko-Winzer mit Vision: Nobert Geier setzt darauf, Weine aus dem Taubertal mit einem speziellen Reinheitsgebot zu vermarkten.

Das Reinheitsgebot an der Tauber

Die Gemeinschaft der Tauberwinzer hat sich darauf geeinigt, ihren Ertrag zu begrenzen, alle Trauben von Hand zu lesen, Unkraut nur mechanisch zu bekämpfen und ausschließlich traditionelle Rebsorten anzupflanzen. Im Keller darf es keine Schönung mit Bentonit und keine modernen Aromahefen geben. Der Einsatz von Umkehr-Osmose und Vakuumverdampfung zur künstlichen Mostkonzentration ist genauso verboten wie die Chaptalisierung (Zuckerung zur Erhöhung des Alkoholgehalts). Rotweine müssen auf der Maische vergären, sprich ohne Erhitzung. Sterilisierter Traubenmost zur geschmacklichen Abrundung – die Winzer sprechen von Süßreserve – ist untersagt.

Handel

1_RAPUNZEL

2_REFORMHÄUSER

3_TEEKAMPAGNE

4_TEGUT

5_UNSER LAND

6_ÖKOKISTE

Boom einer Branche

Bio für alle: Getränke in Bio-Qualität gibt es nicht nur in speziellen Geschäften wie diesem Kölner Bio-Supermarkt, sondern praktisch bei jedem Discounter und Einzelhändler.

VON SILVIA LIEBERMANN

Die Bio-Welle rollt, und viele reiten mit. Bei Lidl und Aldi steht Öko-Ware mittlerweile zwischen Kinderjeans und Gartenschläuchen. Bei ökologisch erzeugten Kartoffeln oder Möhren erreichen die Discounter einen Marktanteil von weit über 50 Prozent. Auf der Strecke bleiben die Bio-Läden der ersten Stunde.

Die meisten Lebensmittel kaufen wir bei einigen wenigen Unternehmen. Die fünf mächtigsten Einzelhändler decken mittlerweile fast 70 Prozent des deutschen Markts ab. Edeka, Metro, Rewe, die Schwarz-Gruppe (Lidl) und Aldi – das waren die umsatzstärksten Top 5 im Jahr 2006. Die Konzentration hat dementsprechend stark zugenommen. Von 2000 bis 2006 haben 15 Prozent aller Lebensmittelgeschäfte ihren Laden dicht gemacht, weil sie gegen die wachsende Zahl der Discounter keine Zukunft sahen.

Fazit: Deutschland ist Discounterland. 98 Prozent aller Haushalte kaufen bei Aldi, Lidl, Plus, Penny, Netto, Norma & Co ein – im Durchschnitt sogar öfter als einmal pro Woche, wie das Marktforschungsunternehmen ACNielsen herausgefunden hat. Der Marktanteil der Billigmärkte liegt bei über 40 Prozent. Angeheizt von den Discountern, herrscht auf dem heimischen Lebensmittelmarkt ein knallharter Wettbewerb, der die Preise immer weiter nach unten getrieben hat. Dies hat dazu geführt, dass die Deutschen einen geringeren Teil ihres Einkommens für Nahrungsmittel ausgeben als die meisten anderen Europäer – auch wenn die Preise für Lebensmittel in jüngster Vergangenheit wieder angestiegen sind. Die Branche unterscheidet dabei zwischen so genannten Vollsortimentern (zum Beispiel Edeka oder Rewe) und Discountern mit begrenztem Sortiment (Aldi oder Lidl). Dabei kann im Lebensmitteleinzelhandel Aldi auf die zufriedensten Kunden verweisen. Das jedenfalls stellte die Unternehmensberatung McKinsey in einer aktuellen Studie fest. Grund dafür seien allerdings immer weniger nur die attraktiven Preise, sondern vor allem die gute Erreichbarkeit der Läden, das überschaubare Sortiment und lange Öffnungszeiten. Bequemlichkeit und Service werden beim Einkauf immer wichtiger, stellen die Unternehmensberater fest und kündigen prompt die Rückkehr der Tante-Emma-Läden an – wenn auch in modernem Gewand. Erfolgreich werden in Zukunft vor allem Geschäfte sein, die ihre Kunden mit überschaubarem Sortiment auf kleinen Flächen ansprechen, dafür aber lange Öffnungszeiten garantieren. Discounter im Mini-Format sozusagen.

Kritik an dieser Entwicklung gibt es seit Jahren. Landwirte werfen Discountern Preisdumping vor, die Gewerkschaft verdi kritisiert die Arbeitsbedingungen von Beschäftigten. »Extremer Leistungsdruck und Überwachung sind an der Tagesordnung«, schreibt der *Glocalist*, die Tageszeitung für Wirtschaftsethik und soziale Verantwortung. »Grundrechte von Beschäftigten werden eingeschränkt und die Wahl von Arbeitnehmervertretern oft verhindert.«

Öffentlicher Druck zeigt allerdings Wirkung, und so vollziehen Firmen, die gerade noch als besonders unverantwortlich am Pranger standen, plötzlich erstaunliche Wandlungen. 2005 veröffentlichte beispielsweise die Umweltorganisation Greenpeace in einem Pestizid-Ratgeber eine Untersuchung, der zufolge Lidl das am stärksten mit

Pestiziden belastete Obst und Gemüse im Sortiment hatte. Die Discountkette reagierte sofort: Anfang 2006 kündigte Lidl an, die Rückstände in Obst- und Gemüseprodukten auf ein Drittel der gesetzlich erlaubten Höchstmenge zu verringern. Andere zogen nach: Edeka, tegut, Aldi, Rewe – immer mehr Lebensmittelhändler verschärften inzwischen ihre Standards für Chemikalien-Rückstände. Die Qualitäts-Offensive hat sich gelohnt: 2007 veröffentlicht Greenpeace eine neue Untersuchung: Diesmal schnitt Lidl am besten ab, gefolgt von Aldi. Das am stärksten mit Pestiziden belastete Obst und Gemüse fanden die Tester nun bei den Vollsortiment-Supermärkten Kaiser's Tengelmann, Edeka und Rewe.

Lebensmittelskandale und immer neue Meldungen über Pestizidrückstände in Trauben, Erdbeeren oder Paprika sind der Hauptgrund dafür, dass Bio-Produkte seit Jahren einen regelrechten Boom erleben. Deutschland ist mit jährlich über fünf Milliarden Euro der größte Bio-Markt Europas, 2007 lag das Wachstum bei 15 Prozent. Doch ausgerechnet die Vorreiter der Bio-Welle profitieren kaum von dieser Entwicklung: Die kleinen Naturkostläden können sich neben dem wachsenden Angebot im konventionellen Handel und den großen Bio-Supermärkten nur noch schwer behaupten – und geben immer öfter auf. Zu den Verlierern des Booms gehören auch die Direktvermarkter: Während 2005 noch zehn Prozent des Bio-Obstes in Hofläden und auf Wochenmärkten gekauft wurden, ist es inzwischen nur noch die Hälfte.

Heute legen Bio-Kunden Wert auf eine große Auswahl, hohe Qualität und Bequemlichkeit. Im Berliner LPG-Bio-Markt zum Beispiel erinnert nichts mehr an die engen Naturkostläden der 80er Jahre, in denen es schrumpelige Karotten und Räucherstäbchen zu kaufen gab. Bewusste Genießer haben hier auf zwei Etagen die Auswahl zwischen 18.000 Produkten und 200 verschiedenen Wein- beziehungsweise 180 Käsesorten. Auf dem Weg zur Arbeit können gestresste Großstädter ein »U-Bahn-Bio-Frühstück« mitnehmen; und nach dem Einkauf haben sie im BioBistro die Wahl zwischen einem vegetarischen, einem veganen, einem glutenfreien Gericht und einem Fleischgericht.

Rund 480 große Bio-Supermärkte wie Basic, Alnatura oder Bio-Company gibt es mittlerweile in ganz Deutschland. Allein im Jahr 2007 kamen 80 neue dazu. Und es gibt keinen konventionellen Supermarkt oder Discounter, der nicht auch Bio-Produkte im Sortiment hätte. 40 Prozent des ökologisch erzeugten Obstes wird inzwischen in Discountern gekauft, 35 Prozent in Supermärkten. Beim Gemüse erreichen die Discountketten teilweise noch höhere Anteile: Rund 60 Prozent aller Bio-Kartoffeln und 75 Prozent der Bio-Karotten kaufen die Kunden beim Discounter. Der Bio-Fachhandel kommt bei Bio-Früchten dagegen nur noch auf einen Marktanteil von 15 Prozent, den Direktvermarktern geht es noch schlechter: Sie liegen inzwischen bei fünf Prozent.

Regionale Initiativen: Neun Solidargemeinschaften setzen rund um München auf direkte Vermarktung – und haben damit Erfolg.

Sechseckige Erfolgsgeschichte: Weil das EU-Biosiegel auf tausenden Produkten prangt und viele Käufer sich an ihm orientieren, glänzt der Bio-Markt mit zweistelligen Zuwachsraten.

Diese Entwicklung hat Folgen: Seitdem die Discounter ins Bio-Geschäft eingestiegen sind, ist der Markt für Gemüse, Getreide oder Milch mit dem Bio-Siegel geradezu leergefegt. Lidl konnte in Deutschland keinen Erzeuger finden, der ihm die gewünschte Menge an Bio-Milch und Bio-Butter liefern konnte – und bezog die Produkte daraufhin aus Dänemark. Die Angebotsengpässe sorgen dafür, dass die Bio-Bauern bislang vom Preisdumping verschont geblieben sind. Es stellen hierzulande zwar einige Erzeuger von konventioneller auf ökologische Landwirtschaft um, aber viel zu wenige, um die Nachfrage zu bedienen.

Dieses Ungleichgewicht führt dazu, dass sich die Märkte für Bio-Lebensmittel immer mehr globalisieren. Ökologisch erzeugte Äpfel kommen aus Neuseeland, Paprika aus Spanien, Tomaten aus Marokko. Da fragt sich mancher: Ist das alles wirklich noch Bio? So überraschend es sein mag, die Antwort ist eindeutig: »Ja« – zumindest, was die Belastung mit Spritzmitteln angeht. Dem bundesweit anerkannten baden-württembergischen Öko-Monitoring zufolge sind pflanzliche Bio-Lebensmittel weitgehend frei von Pestizidrückständen. 95 Prozent der Stichproben im Handel führen das Öko-Siegel zu Recht, so die Prüfer. Signifikante Unterschiede zwischen ökologischem Obst und Gemüse vom Discounter oder vom Bio-Laden konnten nicht festgestellt werden.

Generell gilt allenfalls: Es gibt Unterschiede zwischen Produkten mit sechseckigem EU-Bio-Siegel und denen der Öko-Anbauverbände wie Bioland, Naturland oder Demeter, die strengere Richtlinien haben. So erlaubt zum Beispiel die EG-Öko-Verordnung bei Lebensmitteln 47 Zusatzstoffe, der Bioland-Verband nur 22. Daneben haben die Anbauverbände Vorgaben für Verpackungen sowie strengere Richtlinien für Tierhaltung und Pflanzenschutz. »Der Bioland-Verband profiliert sich über die Qualität«, sagt Bioland-Präsident Thomas Dosch. »Wir haben keine Angst vor möglichem Preisdruck durch die Discounter.« Die Öko-Anbauverbände beliefern hauptsächlich den Fachhandel und Vollsortiment-Supermärkte. Doch weil das Angebot an biologisch erzeugten Lebensmitteln auf dem Markt knapp ist, kaufen auch die Discounter zum Teil bei den Verbänden ein – obwohl der Kunde dann meist nur das EU-Öko-Sechseck auf der Verpackung sieht.

Der Trend zu mehr Bio-Produkten hält nach Meinung von Zukunftsforschern an. »Ökologie und Nachhaltigkeit sind die Schlüsselthemen der nächsten Jahre«, sagt Eike Wenzel vom Kelkheimer Zukunftsinstitut: »Gut möglich, dass wir in zehn Jahren gar nicht mehr von Bio respektive organic reden, weil alles Bio ist.«

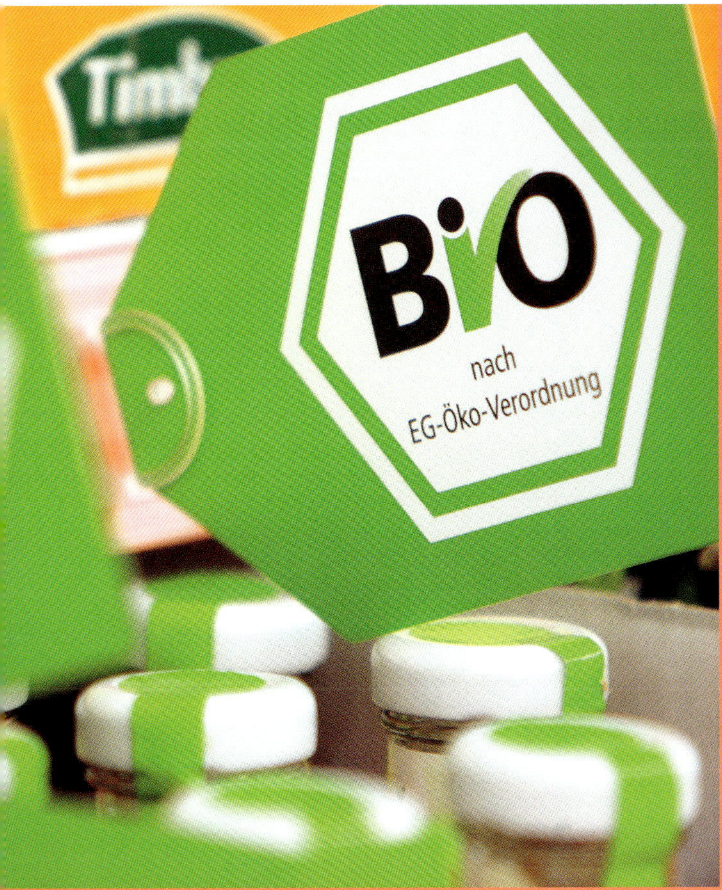

Das EU-Bio-Siegel

Das sechseckige grün-weiße Bio-Siegel nach der EG-Öko-Verordnung wurde nach der BSE-Krise eingeführt, um die Agrarwende einzuleiten. Ziel der damaligen Verbraucherschutzministerin Renate Künast war es, binnen weniger Jahre den Bio-Anteil bei Lebensmitteln auf 20 Prozent zu erhöhen. Gelungen ist das zwar noch nicht. Aber Ende Mai 2008 prangte das Label deutschlandweit auf 47.756 Produkten. Das Siegel kennzeichnet Lebensmittel, die den Anforderungen der EG-Öko-Verordnung genügen. Mineralische Dünger, Pestizide oder radioaktive Bestrahlung sind untersagt. Jedoch dürfen Lebensmittel bis zu fünf Prozent konventionell erzeugter Bestandteile enthalten. Tiere müssen artgerecht gehalten werden, Antibiotika und leistungssteigernde Zusatzstoffe sind verboten. Die Anbauverbände Naturland, Bioland und Demeter haben noch strengere Richtlinien.

RAPUNZE

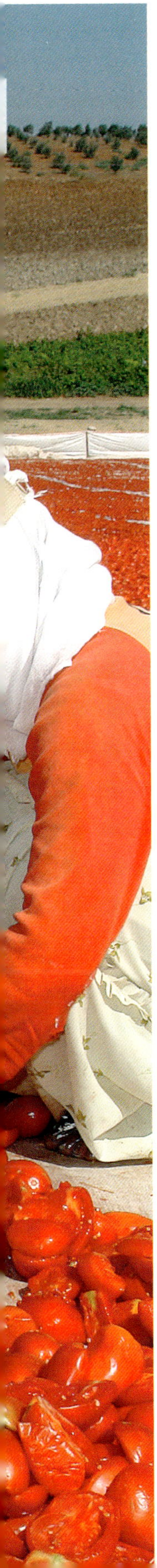

VON GEORG ETSCHEIT

Bio aus dem Morgenland

MEHR ALS 400 BAUERN PFLANZEN UND ERNTEN FÜR RAPUNZEL UND ERHALTEN DAFÜR EIN GUTES EINKOMMEN. SEIT ÜBER 20 JAHREN BEZIEHT DER NATURKOSTGROSSHÄNDLER BIO-PRODUKTE AUS DER TÜRKEI. UND EIN FIRMENEIGENES KONTROLLSYSTEM SORGT DAFÜR, DASS SCHWARZE SCHAFE ERWISCHT WERDEN.

Wie hellblaue Seide spannt sich der Himmel über die Landschaft von Salihli im Westen der Türkei. Auch der Stausee Marmara Gölu leuchtet in diesem ätherischen Blau, das man wohl nur im Orient findet. Die Hügel rund um den See sind karg und braun. Kleine Weiler und Dörfer mit niedrigen Häusern ducken sich in der Mittagszeit. Nur ein paar Bäume und das Minarett einer Moschee ragen über sie hinaus.

Viel wächst nicht in dem trocken-heißen Klima. Und 2007 war die Sonne besonders erbarmungslos. Zehn Monate hatte es keinen Tropfen geregnet. In einigen Regionen der Türkei sind sogar die robusten Feigen an den Ästen vertrocknet. Die Bauern mussten sie herunterschlagen, um ihre Bäume zu retten. Die Reben, die ihre Wurzeln tief ins Erdreich bis zum Grundwasser treiben, kommen mit der Dürre besser zurecht.

Wenn Erntezeit ist, werden die Trauben auf großen, weißen Plastikplanen zum Trocknen ausgebreitet. Dann werden aus ihnen die begehrten süßen Sultaninen. Und es sind keine normalen Trockenfrüchte, die in dieser von der Welt vergessenen Region produziert werden, sondern Sultaninen in Bio-Qualität: ungespritzt, ungeschwefelt und ohne Mineraldünger kultiviert. Solche Produkte sind immer noch eine Seltenheit in einem Land, in dem viele Menschen um ihren Lebensunterhalt kämpfen müssen und Bio meist als Luxus der reichen, entwickelten Länder gilt.

Doch rund um den See Marmara Gölu ist vieles schon anders. Das kann man an dem verbeulten, gelben Straßenschild ablesen, das den Weg zum Dorf Tekeliogul weist. »Rapunzel Field« steht unter dem Dorfnamen. Hier geht es zu dem Bauern Esrefe Yildirim. Er ist einer von 20 Farmern in dieser Region, die für den deutschen Naturkosthersteller Rapunzel Öko-Anbau betreiben. »Am Anfang dachten die meisten, wir seien verrückt«, sagt Esrefe Yildirim. »Heute gibt es solche Vorurteile nicht mehr.«

Die Gegend um den See ist das Herzstück des Türkei-Projekts von Rapunzel. Vor fast 30 Jahren legte Joseph Wilhelm, Gründer und Chef des Naturkostherstellers

aus Legau im Allgäu, den Grundstein zu diesem wegweisenden biologischen Anbauvorhaben. Heute gehören landesweit über 400 Bauern aus 14 Provinzen von der Westtürkei über die Region am Schwarzen Meer bis nach Ostanatolien dazu. Sie ziehen Aprikosen, Birnen, Haselnüsse, Walnüsse, Sultaninen, Mandeln, Sesam, Mohn, Bohnen, Linsen, Feigen, Tomaten, Oliven und seit neuestem auch Baumwolle. Die meisten der 28 verschiedenen Produkte landen dann etwa in den Müsli-Klassikern von Rapunzel, werden zu Nussmus verarbeitet oder als Trockenfrüchte verkauft.

1975 hatte Joseph Wilhelm in Augsburg einen Naturkostladen eröffnet. Vier Jahre später siedelte er in einen Bauernhof ins Allgäu um und begann mit dem Großhandel. »Wir brauchten dringend größere Mengen unbehandelter Sultaninen und Haselnüsse«, erinnert sich Wilhelm. Per Zug und Schiff fuhr der Öko-Pionier 1980 erstmals in die Türkei, um einen Händler zu finden, der auf seine Wünsche einging. Im Basar von Izmir fand er einen, der nicht verständnislos den Kopf schüttelte.

Schwerer war es, Bauern von der Bio-Idee zu überzeugen. »In jedem Dorf gab es damals einen Chemical Shop irgendeiner Spritzmittelfirma. Das galt wie überall auf der Welt als modern und fortschrittlich«, sagt Wilhelm. Und jetzt sollten die Bauern auf die Segnungen der Chemie wieder verzichten? Und auf künstlichen Dünger obendrein?

Ein gutes Argument war und ist eine Abnahmegarantie und der Preis, den Rapunzel bietet. Das Türkei-Projekt beinhaltet nämlich auch Elemente des fairen Handels. Auf den ohnehin höheren Weltmarktpreis für Bio-Produkte legt Rapunzel noch einmal drei bis fünf Prozent als »Premium-Aufschlag« drauf.

Die Arbeit in der Türkei ist mittlerweile zum Selbstläufer geworden. Heute sehen die Bauern, dass sie nicht nur ein verlässlicheres Einkommen haben, sondern dass ihre Arbeit auch der Umwelt nutzt. So war der See Marmara Gölu in den 80er Jahren ökologisch tot – intensiver Landbau hatte fast allem Leben den Garaus gemacht. Nachdem jedoch fast alle Bauern auf Bio umgestiegen sind, hat sich das Gewässer erholt. Heute tummeln sich dort so viele Fische, dass sogar die Fischerei wieder möglich ist.

Das wichtigste Türkei-Produkt bei Rapunzel sind Sultaninen. Sie machen jährlich bis zu 1300 Tonnen aus, gefolgt von Haselnüssen (800 Tonnen), Feigen und Aprikosen (jeweils 600 Tonnen). Alle Bio-Produkte von Rapunzel werden von unabhängigen Inspektoren vor Ort zertifiziert. Weitere hausinterne Kontrollen sollen garantieren, dass nicht etwa konventionelle Früchte untergemischt werden, wie es in anderen Bio-Betrieben der Türkei manchmal vorkommt. Im Dorf Tekeliogul ist Rapunzel mit einem kleinen Verbindungsbüro vertreten, das regelmäßig Schulungen organisiert. Mit Mitteln aus Deutschland wurde eine Kompostieranlage hochgezogen und die Hauptstraße mit Pinien bepflanzt. Überall im Dorf ist der Aufschwung zu sehen. »Jeden Tag möchten neue Bauern an dem Projekt teilnehmen«, sagt Esrefe Yildirim.

Von südlicher Sonne verwöhnt: Bio-Feigen aus der Türkei werden zum Trocknen ausgebreitet.

Sultaninen, Rosinen und Korinthen

Rosinen – so heißen alle getrockneten Weinbeeren. Sultaninen stammen von der »Thompson Seedless«-Traube und sind recht groß, hellbraun, besonders süß und kernlos. Korinthen dagegen haben die »Schwarze Korinthe« als Ursprung. Sie sind dunkler als Sultaninen, ebenfalls kernlos, aber kleiner und kräftiger im Geschmack. Sultaninen werden überreif geerntet und an der Luft auf Folien oder speziellen Gestellen getrocknet. Vor dem Trocknen werden sie in Wasser mit Pottasche, Salz und Olivenöl gedipt, damit sie schneller trocknen. Pflanzliche Öle sorgen dafür, dass die Früchte nicht zusammenkleben. Konventionelle Sultaninen werden oft mit schwefliger Säure haltbar gemacht und mit Methylbromid begast.

REFORM-HAEUSER

VON GEORG ETSCHEIT

Abschied von der Grünkernhöhle

REFORMHÄUSER SIND BEREITS IM KAISERREICH ALS FACHGESCHÄFTE FÜR GESUNDES LEBEN ENTSTANDEN. UM DEN NIEDERGANG ZU STOPPEN, DEN DIE BRANCHE IN DEN LETZTEN JAHRZEHNTEN ERLEBT HAT, ORIENTIEREN SIE SICH NEU.

Im wilhelminischen Kaiserreich war der Laden von Marie Ernst und Robert Boermel in der Schillerstraße in Frankfurt am Main noch etwas ganz Besonderes. Fast hatte er den Ruch des Verbotenen. Merkwürdige Dinge gab es hier zu kaufen: Hafergries und Kaffeesurrogate, unpolierten Reis und »Margarine« aus Pflanzenölen, außerdem Datteln und Feigen, durch den Fleischwolf gedreht und zu essbaren Riegeln geformt. Und die Inhaber trugen statt einschnürender Korsetts oder Vatermörder sackartige, untaillierte Gewänder und eigenartig geschnittene »Gesundheitsschuhe«.

Das merkwürdige Geschäft war eines der ersten »Reformhäuser« auf deutschem Boden. Die Reformhäuser verbreiteten die Botschaften der Lebensreformbewegung. Anfang des vergangenen Jahrhunderts suchten ihre Anhänger nach Alternativen zur ungesunden »gutbürgerlichen« Lebensweise. Sie priesen Heilkräuter, pflanzliche Ersatzprodukte für Fleisch, Fruchtsäfte ohne Alkohol, Vollkornbrot und bequeme Kleidung. »Lasst die Nahrung so natürlich wie möglich sein«, war die Devise des Hygienikers und Bakteriologen Werner Kollath (1892-1970), des Pioniers der Vollwertbewegung. Heute führt Simone Hepp das Geschäft in vierter Generation. Die Reformideen ihrer Urgroßeltern sind längst verblasst. Natürliche Lebensmittel und Naturarzneien sind raus aus der Nische und im Mainstream angekommen. Jetzt muss sich der Laden behaupten im immer schärferen Wettbewerb mit Bio-Supermärkten und Bio-Drogerien, die allerorten neu eröffnen. »Über die Brücken, die wir gebaut haben, gehen jetzt die anderen«, sagt die junge Geschäftsfrau, die das Reformhaus von ihren Eltern übernommen hat.

Etwas mehr als 100 Jahre nach ihrer Geburt steckt die Reformbewegung vielleicht in der schwierigsten Phase ihrer Geschichte. Die Zahl der Reformhäuser geht immer weiter zurück. Gab es im Jahr 2003 noch 2148 Reformhäuser und Verkaufsstellen in Apotheken oder Drogerien, sind es jetzt nur noch rund 1800. Parallel dazu sinkt der Umsatz der in der Neuform-Genossenschaft zusammengeschlossenen rechtlich selbständigen Reformwaren-Einzelhändler. Von einem zweistelligen Wachstum wie in der Bio-Branche

sind die meisten Reformhäuser weit entfernt. Dabei müssten auch sie eigentlich vom Bio-Boom profitieren, denn in ihren Regalen sind Naturkostwaren neben Nahrungsergänzungsmitteln, Diät-Produkten und Naturkosmetika immer noch ein bedeutender Umsatzbringer.

»Die meisten Reformhäuser haben wirtschaftliche Probleme«, sagt Christoph Spahn, Geschäftsführer von Biovista, einem Marktforschungsunternehmen für den Bio-Markt. Die engen Grünkernhöhlen von einst sind out. Heute verlangt das Publikum nach großen, offenen Verkaufsflächen, einem umfangreichen Sortiment und einer zeitgemäßen Ansprache. »Wer seine Kunden noch im weißen Kittel empfängt, hat schon verloren«, sagt Marketingfachmann Spahn. Auch der medizinische Fortschritt kostet die Reformhäuser Kunden. Seit sich Diabetiker je nach Bedarf ihre persönliche Dosis schnell wirkender Insuline spritzen können, ist eine strenge Diät mit zuckerreduzierten Lebensmitteln, wie es sie im Reformhaus gibt, oft nicht mehr zwingend nötig.

Eingeklemmt zwischen Drogeriemärkten mit Bio-Sortiment, Apotheken, aufgepeppten Naturkostläden und Bio-Discountern drohen den Reformhäusern als Fachgeschäften fürs gesunde Leben die Felle davonzuschwimmen. »Besser da stehen nur die größeren Läden in guter Lage mit jungen Konzepten und starken Marken«, sagt Spahn. Damit rücken die Reformhäuser aber auch immer näher an die insgesamt gut sortierten Bio-Supermärkte.

Was aber könnte das Besondere sein, das die Kunden auch in Zukunft lieber ins Reformhaus statt in den Bio-Markt locken soll? Hohe Qualitätsstandards und kompetente Beratung seien die wichtigsten Säulen eines modernen Reformhauses, sagt Erwin Perlinger, Geschäftsführer der neuform-Genossenschaft. So unterliegen auch konventionelle Lebensmittel den besonders strengen neuform-Qualitätsrichtlinien, nach denen etwa nur zwölf von 160 gesetzlich möglichen Zusatzstoffen erlaubt sind. Bei Bio-Ware setzt man vor allem auf kontrollierte Herkunft. »Uns ist es nicht egal, ob die Bio-Waren aus China kommen«, sagt Perlinger. »Wir legen Wert darauf, unsere Bezugsquellen genau zu kennen.« Und in Kosmetika sind grundsätzlich keine Stoffe vom »toten Tier« enthalten. Um eine gute Beratung der Kunden etwa in Fragen von Allergien und Unverträglichkeiten wie Glutenintoleranz zu gewährleisten, gibt es eine eigene Aus- und Weiterbildungs-Akademie für Reformhausmitarbeiter.

Wo die Reise der Reformhäuser hingehen soll, zeigt ein zukunftsweisendes Geschäft in Oberursel bei Frankfurt. Dort gibt es eine Kaffee-Bar, eine Theke mit frischem Obst und Gemüse, frisches Brot und eine große Kühltheke für Vegetarier. Nicht zuletzt auch mit dem Wellness- und Genussfaktor sollen Kunden zurück- oder neu gewonnen werden. Simone Hepp, Inhaberin des Traditions-Reformhauses in Frankfurt, will nicht alle Moden mitmachen, sieht aber trotzdem nicht schwarz für ihre Zukunft. Sie vertraut vor allem auf ihr Beratungs-Know-how und ihre Stammkundschaft.

Frische verordnet: Mit neuem Outfit und guter Beratung werben Reformhäuser um Kunden.

Nahrungsergänzungsmittel

Frei verkäufliche Tabletten, Kapseln oder Dragees sehen nur aus wie Medikamente, rechtlich sind sie Lebensmittel: Nahrungsergänzungsmittel wie Vitamine, Mineralstoffe oder so genannte Antioxidantien, die Krebs vorbeugen sollen. Sie sollen die tägliche Ernährung ergänzen, dürfen jedoch keine therapeutische Wirkung entfalten. Nahrungsergänzungsmittel, wie es sie im Reformhaus gibt, werden bevorzugt aus Nährstoffquellen natürlichen Ursprungs hergestellt. So stammen oft verlangte Vitaminpräparate wie Vitamin C, Vitamin E oder Beta-Carotin nicht aus der Retorte, sondern aus natürlichen Rohstoffen. Für alle Nahrungsergänzungsmittel gilt: Sie sind kein »Ersatz« für eine gesunde, ausgewogene Ernährung. Für Menschen, die sich normal ernähren, schreibt das Bundesinstitut für Risikobewertung, seien sie schlicht »überflüssig«.

TEE-KAMPAGNE

VON CLAUDIA KARSTEDT UND THOMAS WORM

Die Tee-Händler von der Havel

SEIT ÜBER 20 JAHREN BELIEFERT DIE TEEKAMPAGNE KUNDEN IN GANZ DEUTSCHLAND MIT FEINSTEM TEE. DIE FIRMA, DIE ALS KLEINES UNIVERSITÄTSPROJEKT BEGANN, IST HEUTE DER GRÖSSTE DARJEELING-ABNEHMER DER WELT.

Begonnen hat es im Dezember 1984 mit einem Artikel in der Zeitschrift *natur*. »Vorsicht vor DDTee« hieß der Beitrag über Insektizidrückstände in asiatischen Tees. Das brachte den Gründer der Teekampagne, Wirtschaftsprofessor Günter Faltin, auf eine Idee. Wie wäre es, wenn man als Direktvermarkter von preiswertem Tee den Qualitätsvorteil »pestizidfrei« für alle sichtbar hervorheben würde?

Gedacht, getan. Faltin bewarb seinen rückstandsarmen Darjeeling mit dem Zusatz »kein DDTee!«. Aber weil Gerichte dies für vergleichende Werbung hielten, die damals verboten war, musste die Teekampagne auf diese Aussage verzichten. Ein Rückschlag für die junge Firma – ohne Folgen. Mittlerweile ist die Teekampagne der größte Importeur der indischen Premium-Sorte Darjeeling weltweit – größer als der Teegigant Lipton's in diesem Geschäftsbereich. Von den jährlich 10.000 Tonnen geerntetem Darjeeling kauft die Teekampagne 400 Tonnen. Doch es ist kein Glaspalast, in dem die Potsdamer Firmenzentrale residiert. Unweit von den Gründerzeitvillen einstiger UFA-Filmgrößen verbirgt sich die »Projektwerkstatt für kreative Ökonomie«, Muttergesellschaft der Teekampagne. In einer schlichten Babelsberger Häuserzeile aus dem 19. Jahrhundert lenken 15 Angestellte den Teefluss vom Himalaja.

Wenn Günter Faltin zwischen Teekisten erzählt, wie ein Häuflein Studenten auf seine Anregung hin die erste Tonne Darjeeling bestellte, um sie ohne Zwischenhändler selbst zu verkaufen, zeichnen seine Hände Wege in der Luft. Unkonventionelle Wege. Nie wollte er nur Theorie lehren. Er wollte Studenten praktisch beibringen, wie man Unternehmen gründet. Der als »Teeprofessor« titulierte Faltin wirkt dabei nicht wie ein stahlharter Unternehmer. Seine Philosophie zielt auf das Schlichte. »Komplexität ist des Teufels. Sie verlieren die Übersicht und machen Fehler – es wird teuer«.

Faltin hält es mit Oscar Wilde: »Ich habe einen ganz einfachen Geschmack. Ich will nur das Beste.« Kein Wunder, dass die Teekampagne nur den besten Darjeeling aus Indien vertreibt, meist nur in Großpackungen zu 1000 Gramm. Im Vergleich zu

100-Gramm-Päckchen spart die Firma neun Vorder- und Rücketiketten sowie Verschlüsse. Die großen Tüten sind kaum teurer als die kleinen. Die Vorratshaltung liegt beim Verbraucher. Der in Hamburg angelieferte Tee wird gleich vor Ort aus dem Container heraus verpackt und verschickt, kostspielige Lagerhaltung ist überflüssig. Ein Kilo kostet daher kaum mehr als 20 Euro, der Zwischenhandel, der Tee so teuer macht, entfällt. Doch den Genuss des hochwertigen Darjeelings versüßt nicht nur der Blick ins Portemonnaie, sondern auch der auf die Öko-Bilanz. Kurze Wege, wenig Material – das ist bereits Ressourcenschonung pur, befindet Faltin. Dafür brauche es kein extra Öko-Etikett. Stattdessen kleben seit den Anfängen der Teekampagne Rückstandssiegel auf den Packungen. Sie geben Auskunft über die Schadstoffe, vor allem das gespritzte Insektengift.

Auf diese Verbraucherinformation legt Faltin großen Wert. Ihm war von Beginn an klar, dass sein Tee so weit wie möglich rückstandsfrei sein sollte. Deshalb hat er auch nicht blind auf Ware mit Bio-Siegel vertraut. Denn bei seinen Reisen in Darjeeling hat er erfahren, dass in so genannten Bio-Plantagen genauso Chemie eingesetzt wurde wie in anderen. »Die Inder konnten einfach nicht verstehen, dass es in einem fernen Teil der Welt Menschen gibt, die sich über Millionstel Gramm von Pestiziden aufregen«, sagt Faltin. Mittlerweile hat sich das allerdings geändert. »Die Argumente für den organischen Anbau«, so Faltin, »überzeugen inzwischen auch die Plantagenbesitzer mehr und mehr.

Es gibt jetzt eine Reihe von engagierten, jüngeren Managern, die Bio-Tee anbauen.« Die Teekampagne kauft inzwischen so viel Bio-Ware wie möglich. Aber das Unternehmen verlässt sich noch immer nur auf eigene Untersuchungen. Bei zu hohen Rückständen wird nicht angekauft. Auf jeder Packung sind zudem die Plantagen vermerkt. Mit dem Rückstandssiegel ließe sich Reklame machen, doch das Unternehmen setzt auf Mund-zu-Mund-Propaganda, obwohl man diesen Tee in Geschäften kaum findet. 90 Prozent der Ware werden versandt. Faltins Konzept machte die Teekampagne zum größten Teeversandhaus Deutschlands mit 7,5 Millionen Euro Umsatz im Jahr und über 170.000 Kunden.

Bei alledem betont Firmenchef Faltin stets: »Wir sind ein marktorientiertes Unternehmen, an unseren Teepackungen hängen keine Spendenbeutel.« Und: »Wir sind keine Gutmenschen. Das Produkt, nicht der moralische Anspruch, soll überzeugen.« Geringe Preise, qualitätvolle, giftfreie Ware – das alles erreicht die Teekampagne Faltins Ansicht nach dank cleverer Wirtschaftsführung. Und so ist die Teekampagne auch kein Unternehmen mit dem Fairtrade-Label, obwohl man in den Abnahmeverträgen darauf achtet, dass die Pflücker faire Löhne erhalten und nach Faltins Angaben die Kilopreise rund einen Euro über denen vergleichbarer Abnehmer liegen.

Umwerfendes Konzept: Die besten Tees ohne Zwischenhandel zu vermarkten – damit punktet die Teekampagne.

Nachhaltigkeit für die Region

Seit 1992 betreibt die Teekampagne in Zusammenarbeit mit der indischen Sektion des WWF ein Wiederaufforstungsprojekt in Darjeeling. Im Rahmen des Projekts wurden auf 210 Hektar an den steilen Berghängen der Region Bäume angepflanzt, um der Bodenerosion entgegenzuwirken. Für rund 700.000 Euro sind seither drei Millionen Bäume gepflanzt worden, und lokale Fachleute haben 22 Baumschulen errichtet. Allein im letzten Jahr wurden dort 260.000 Setzlinge gezogen. In naher Zukunft sollen im Wassereinzugsgebiet Senchal, das die Stadt Darjeeling mit Wasser versorgt, weitere 300 Hektar beforstet werden. Zwölf Baumschulen sind eigens zu diesem Zweck eingerichtet worden.

TEGUT

VON GEORG ETSCHEIT

Aus der Region für die Region

MIT EINEM GANZHEITLICHEN QUALITÄTSKONZEPT TROTZT DER HESSISCHE LEBENSMITTELHÄNDLER TEGUT DER ÜBERMÄCHTIGEN KONKURRENZ. UND HAT ERFOLG MIT EINEM GROSSEN BIO-SORTIMENT UND PRODUKTEN, DIE IN DER REGION HERGESTELLT WERDEN. DAS STÄRKT DIE LOKALEN ERZEUGER, DIENT DER LANDSCHAFTSPFLEGE UND NICHT ZULETZT DEM KLIMASCHUTZ.

Beim hessischen Lebensmittelhändler tegut ist vieles etwas anders. Morgens treffen sich die Manager nicht zur Sitzung, sondern zu einer »Stehung«. Zu Beginn trägt einer den Tagesspruch vor – und das kann auch eine Weisheit von Rudolf Steiner sein, dem Begründer der Anthroposophie. Darüber denken alle schweigend nach, erst dann beginnt die Runde, übers Geschäft zu sprechen. Unter der Decke schwebt im Besprechungsraum ein riesiger Stoffelefant, der für eine gute Atmosphäre sorgen soll. »Man kann Probleme mit sehr viel Aufwand, aber auch kreativ lösen«, sagt Firmeninhaber Wolfgang Gutberlet. Also ließ er das Spielzeug seiner erwachsenen Kinder »fliegen«.

Auch die tegut-Supermärkte unterscheiden sich von denen der Konkurrenz. Sie haben ein Gesicht. Ein neuer Markt in Fulda, unweit der Firmenzentrale, hat die Form eines Prismas. Der Innenraum ist ungewöhnlich hoch und licht, kein Vergleich zu den langweiligen Schuhschachteln von Aldi, Lidl, Tengelmann & Co. Assoziationen an eine Markthalle werden wach. In der Mitte befinden sich die Theken für Frischprodukte wie Obst, Gemüse, Fleisch oder Käse, davon gehen strahlenförmig die Regalreihen ab. Wenn die hastig aufgerissenen Kisten und Wühltische bei den Discountern von der Geringschätzung der Lebensmittel zeugen, drückt sich bei tegut in der aufwändigen Präsentation der Waren der hohe Stellenwert von Lebens-Mitteln aus.

Wer näher hinschaut, entdeckt weitere Unterschiede. Obwohl tegut kein Bio-Supermarkt ist, gibt es Bio-Produkte zuhauf. Fast jeder Artikel ist auch in der ökologischen Variante zu haben. Schon 1982 – zum einheitlichen Bio-Siegel und zum Bio-Boom war es noch ein weiter Weg – hatte tegut begonnen, biologisch erzeugte Lebensmittel ins Sortiment zu nehmen. Damit war das Unternehmen Wegbereiter des Handels mit nachhaltig produzierten Lebensmitteln. tegut war auch der erste konventionelle Lebensmittelhändler, der Öko-Produkte nicht in der Bio-Ecke versteckte, sondern ins normale

Sortiment integrierte. Die Kunden sollen auf unaufdringliche Art mit der Bio-Alternative konfrontiert werden.

Zu seinem Glück zwingen will Gutberlet niemanden. Deshalb verkauft tegut neben seinen mehr als 2500 Bio-Produkten auch Discount-Waren zu Aldi-Preisen und ganz normale Markenartikel. »Wir sind in erster Linie Händler«, sagt Gutberlet. »Wir führen keine Kreuzzüge.« Gutberlet will die Menschen darüber aufklären, was gute Lebensmittel ausmacht, dass Lebensmittel keine Sachen seien, sondern ein »lebender Organismus mit einer Vergangenheit und einer Zukunft«. Kontrolliert biologisch erzeugte Lebensmittel seien zwar nicht die einzigen guten Lebensmittel. Doch bei ihnen sei die Wahrscheinlichkeit höher, dass sie den Menschen Lebenskraft geben könnten. Letzten Endes sollen aber die Menschen selbst entscheiden, was sie kaufen und essen wollen. »Gut und böse«, diese Kategorien lehnt Gutberlet ab. Kompromisslos ist er nur in einer Frage: Gentechnik lehnt er ab. Bei den tegut-Eigenmarken wird darauf geachtet, dass sie ohne den Einsatz gentechnisch veränderter Organismen hergestellt wurden.

Wie es tegut seit Jahren gelingt, sich auf dem hart umkämpften Markt des Lebensmitteleinzelhandels mit seinen Preiskämpfen und Übernahmeschlachten zu behaupten, erklärt Gutberlet folgendermaßen: »Wir führen das Unternehmen aus Ideen heraus, nicht aus Gelegenheiten.« Dahinter steht ein Weltbild, das das Geistige über das Materielle stellt. »Der Geist geht der Tat voraus«, sagt Gutberlet. Der literarisch und philosophisch interessierte Unternehmer stellt sich damit gegen einen Zeitgeist, der »oft nur noch in den Kategorien des Materiellen verharrt«.

Neben Bio setzt tegut vor allem auf regionale Herkunft und kurze Transportwege. Seit jeher arbeitet das Unternehmen eng mit regionalen Lieferanten zusammen und fördert Regionalkooperationen, etwa den Verein Rhöner Biosphärenrind. Das ist ein Zusammenschluss von Bio-Landwirten im Biosphärenreservat Rhön, der die tegut-Märkte mit 25 Prozent des benötigten Bio-Rindfleisches versorgt. Auch das Fleisch für die Qualitätsfleisch-Eigenmarke »Landprimus« kommt von Landwirten des tegut-Vertriebsbereichs und damit aus der Umgebung. Weitere regionale Lieferanten sorgen für Nachschub bei Obst, Gemüse, Käse und anderen Milchprodukten. tegut will mit seinem Konzept der Nahversorgung einen Beitrag zur regionalen Wertschöpfung, zur Landschaftspflege und nicht zuletzt zum Klimaschutz leisten. Deshalb sind einer weiteren räumlichen Expansion des Unternehmens Grenzen gesetzt. Einen Radius von etwa 150 Kilometern rund um Fulda will Gutberlet nicht überschreiten, weil er sonst den Anspruch der Regionalität nicht mehr aufrechterhalten könne.

Direkt vom Feld: Um kurze Transportwege einhalten zu können, arbeitet tegut mit regionalen Erzeugern und garantiert, den Geschmack der Region auf den Tisch zu bringen.

tegut kurz und knapp

tegut wurde 1947 von Theodor Gutberlet gegründet und nach ihm »thegu« benannt. Seit 1955 heißt das Unternehmen »tegut«. 2008 gibt es 308 tegut-Supermärkte in Hessen, Südniedersachsen, Thüringen und Nordbayern. Tendenz steigend. Über 6000 Mitarbeiter erwirtschafteten 2007 einen Umsatz von mehr als einer Milliarde Euro. Zu tegut gehört die Bäckerei Herzberger, eine der größten Bio-Bäckereien Europas, und der Fleischverarbeitungsbetrieb Kurhessische Fleischwaren Fulda. Der Bio-Anteil liegt bei Obst und Gemüse bei 34 Prozent, bei Fleisch und Wurst bei 28 Prozent und bei Backwaren bei 50 Prozent. 1989 gründete Wolfgang Gutberlet zwei Stiftungen: Eine hat den Zweck, die Qualität von Lebensmitteln zu sichern. Die andere soll, unabhängig von familiären Entwicklungen, den Fortbestand des Unternehmens gewährleisten.

UNSER LAND

VON GEORG ETSCHEIT

Heile Welt mit globaler Wirkung

IM SÜDEN DEUTSCHLANDS HABEN ES REGIONALE INITIATIVEN WIE UNSER LAND AUFGRUND GEWACHSENER STRUKTUREN WESENTLICH LEICHTER ALS IM NORDEN. »VON HIER« IST ZU EINEM REGELRECHTEN VERKAUFSSCHLAGER GEWORDEN.

Eine weiße Wolke am blauen Himmel, ein grüner Tannenbaum, stilisierte Landschaft in Braun und Grün. Das Label von »Unser Land« symbolisiert heile Welt. In 180 Supermärkten in München prangt es auf Milch, Nudeln, Honig, Fisch oder Sonnenblumenöl – alles gute Dinge, die in der Region hergestellt werden. Das Netzwerk aus neun »Solidargemeinschaften« in zehn Landkreisen rund um München – von der Stadt München selbst übers Starnberger Land bis zum Werdenfelser Land am Alpenrand – ist Vorzeigeprojekt einer Bewegung, die der Globalisierung eine regionale Alternative entgegensetzt. Die Nachfrage nach solchen Produkten ist groß. Vor allem Bio-Milch und Apfelsaft von Streuobstwiesen haben sich als Selbstläufer erwiesen.

Regionale Lebensmittel sind in vieler Hinsicht nachhaltig, wie die Wissenschaftler Alois Heißenhuber und Martin Demmler vom Lehrstuhl für Wirtschaftslehre des Landbaus an der Technischen Universität München herausgefunden haben. »Während global gehandelte Lebensmittel oft einer standardisierten Produktion entstammen, schützen viele kleine Regionalinitiativen mit ihrer Wirtschaftsweise bestimmte Biotope, Kulturpflanzenarten und Nutztierrassen sowie eine für Bewohner und Touristen attraktive, abwechslungsreiche Landschaft.«

Den Menschen bei »Unser Land« geht es nicht nur um nackte Ökonomie. Sie wollen zum Beispiel Streuobstwiesen oder die pittoresken Mittenwalder Buckelwiesen pflegen, alte Handwerke beleben, Tiere und Pflanzen schützen, gegen Gentechnik kämpfen, die Öko-Energien voranbringen. Aber sie wollen auch, dass sich ihr Engagement in Euro und Cent auszahlt. »Wir haben unsere Hausaufgaben gemacht, etwa eine GmbH gegründet, die als verlässlicher Lieferant der Marktpartner auftritt«, sagt Elsbeth Seltz, Vorsitzende von »Unser Land«. »Wir sind keine Romantiker, sondern absolute Realisten.«

Auch Ludwig Kraus, der »Würmmüller« von Dachau, ist alles andere als ein Träumer. Seine Mühle am Flüsschen Würm hat eine lange Tradition. Eine Urkunde des Bischofs von Freising belegt, dass am heutigen Standort bereits im 10. Jahrhundert Getreide

gemahlen wurde. Längst klappert natürlich kein Wasserrad mehr am rauschenden Bach; eine moderne Turbine versorgt die Mühle mit Energie. »Wir produzieren maßgeschneiderte Mehle, auch in kleinen Mengen«, sagt Kraus. In seinem Mühlenladen kann man die verschiedenen Mehl- und Müslispezialitäten kaufen, darunter solche mit dem bunten Label von »Unser Land«. Ohne »Unser Land« würde es die Würmmühle vielleicht gar nicht mehr geben. Oder die Aktienmühle in Aichach, die Jochnermühle in Wilzhofen, die Schustermühle in Großaitingen.

Entstanden sind die Solidargemeinschaften vor gut zehn Jahren aus einer kirchlichen Initiative im Landkreis Fürstenfeldbruck. »Wir wollten etwas zur Bewahrung der Schöpfung tun und endlich einmal konkret werden«, sagt Elsbeth Seiltz. Der erste Träger der Idee zeitgemäßer Regionalität war das tägliche Brot, ein Mischbrot aus Roggen und Weizen, das nur aus Produkten der Region gebacken wurde. Auch sämtliche Verarbeitungsstufen sollten vor der Haustür stattfinden. Über die Medien wurden die Kunden über alle Schritte der Entstehung »ihres« Brotes informiert.

Den Durchbruch erzielten die Regional-Aktivisten, als es gelang, Supermärkte in München vom Konzept einer »Stadt-Land-Partnerschaft« zu überzeugen und, mit finanzieller Unterstützung des Landes Bayern, eine von der Europäischen Union anerkannte Dachmarke zu kreieren. Heute bieten unter anderem viele Tengelmann-Filialen eine ganze Palette von »Unser Land«-Produkten an: Kartoffeln, Nudeln, Milch und Eier, Sonnenblumenöl und diverse Senfsorten sowie Mehl, Apfelsaft und Heu zur Einstreu für Haustiere. Der Filialist schaltete für »Unser Land«-Produkte sogar eine Anzeige in der *Bild*-Zeitung, in der gewöhnlich die Discounter um Kunden buhlen. Die Nachfrage nach Regionalprodukten wachse kontinuierlich, sagte Paul Daum von Tengelmann. »Immer mehr Kunden wollen einfach wissen, wo die Sachen her sind, die sie jeden Tag essen.«

Mittlerweile ist »Unser Land« in der Region fest verwurzelt. So findet im Münchner Umland kaum mehr ein Dorffest statt, bei dem »Unser Land« nicht präsent ist. 180 Erzeuger und zehn Verarbeiter produzieren für das Netzwerk, zum Teil nach Bio-Richtlinien. Beteiligt sind 62 Bäcker, vier Metzger, 700 Lebensmittelläden, 15 Restaurants und fünf Großküchen. Auch andere Regionalvermarkter in Bayern machen gute Geschäfte. Im Münchener Osten um das Städtchen Dorfen engagiert sich die Erzeugergemeinschaft »Tagwerk« mit eigenen Dorfläden. Im Allgäu vertreibt das Familienunternehmen Feneberg, eine der wenigen regionalen Supermarktketten, erfolgreich die Bio-Hausmarke »Von hier«. »Vor zehn Jahren galt es als konservativ, im allgemeinen Globalisierungstrend von Regionalität zu reden«, erinnert sich Heiner Sindel, der Vorsitzende des Bundesverbandes der Regionalbewegung. Doch heute ist fortschrittlich, was früher als verstaubt galt.

Mehl aus dem eigenen Landkreis: Die Bäckermeister von »Unser Land« verwenden nur heimisches Getreide.

Regionale Initiativen

Original Regional: Die Initiative betreibt in und um Nürnberg »Regionaltheken« mit Produkten fränkischer Bauern bei Edeka und Rewe. Nur Trockensortiment wie Eier, Nudeln, Nudelsoßen, Honig, Fruchtaufstriche.
Von hier: Regionalinitiative in Berlin und Brandenburg. Beliefert ausgewählte Supermärkte, kleine Einzelhändler und Hofläden mit regionaltypischen Waren, darunter Spreewälder Gurken oder Sanddornprodukte.
Senne Original: Regionalinitiative in Ostwestfalen-Lippe (Nordrhein-Westfalen), die Produkte aus der Landschaft der Senne vertreibt. Darunter Wild, Kartoffeln, Forellen, Honig und Eier. Die Heidschnuckenschäferei liefert auch frisches Lammfleisch.
Tagwerk: Regionalinitiative im Osten von München (Erding, Freising, Landshut). Bietet regionale Öko-Produkte zu fairen Preisen, vor allem frische Lebensmittel wie Milch, Quark, stichfesten Joghurt nach traditioneller Art, Käse oder Salami.

OEKOKIST

VON GEORG ETSCHEIT

Bio frei Haus

DIE ÖKOKISTE WAR VOR RUND 20 JAHREN OFTMALS DER EINZIGE WEG, AN BIO-LEBENSMITTEL ZU KOMMEN. GELIEFERT WURDE, WAS DER ACKER HERGAB. MIT KULINARISCHER ZWANGSBEGLÜCKUNG IST ES HEUTE VORBEI. DIE ÖKOKISTE IST EINE MODERNE DIENSTLEISTUNG GEWORDEN.

Als es noch keinen Bio-Boom und keine schicken Bio-Supermärkte gab, war die Ökokiste oft der einzige Weg, um an frische Bio-Produkte zu kommen. In regelmäßigen Abständen kam der bunt bemalte, etwas klapprige Lieferwagen vom Öko-Bauernhof und brachte ein wechselndes Sortiment an Obst und Gemüse. Die Kiste enthielt, was in der jeweiligen Jahreszeit gerade wuchs und gedieh und was die Schädlinge übriggelassen hatten.

Ökokisten gibt es auch heute noch. Doch den diskreten Charme der Zwangsbeglückung im Sinne einer höheren Moral haben sie längst abgelegt. Wer heute die Homepage der »Ökokiste Kößnach« ansteuert, hat, wie so oft, die Qual der Wahl. Zwischen sieben Varianten muss man sich entscheiden. Es gibt die »Schonkostkiste« mit Gemüse und Salaten, aber »ohne blähendes oder treibendes Gemüse«, die »Mixkiste« mit Gemüse, Salat und Obst »für die schnelle Küche« oder die »Kochgemüsekiste«, die ausschließlich Gemüse, aber keine Salate enthält. Und natürlich die abwechslungsreiche »Standardkiste« mit einem jede Woche neu zusammengestellten Überraschungsmenü.

»Die Dienstleistung steht bei uns ganz stark im Vordergrund«, sagt Martina Kögl, Chefin der »Ökokiste Kößnach« bei Straubing in Niederbayern. Früher war sie einmal Öko-Landwirtin. Doch diesen Beruf hat sie vor zehn Jahren an den Nagel gehängt. Heute kooperiert Kögl mit verschiedenen Bio-Bauernhöfen und -Gärtnereien, deren Produkte sie vermarktet. Was es in der Region nicht gibt, etwa Südfrüchte, die in Niederbayern (noch) nicht wachsen wollen, wird über den Naturkost-Großhandel zugekauft. Etwa 1000 Kunden in einem Umkreis von 100 Kilometern um Straubing beliefert die »Ökokiste Kößnach«.

Eigentlich sind Ökokisten nicht mehr und nicht weniger als eine kreative Form des Direktvertriebs landwirtschaftlicher Produkte. Doch sie spielen auf dem Bio-Lebensmittelmarkt eine nicht unerhebliche Rolle. Nach Angaben des Bundes Ökologische Lebensmittelwirtschaft (BÖLW) erzielten Direktvermarkter mit Hofläden, Marktständen und Lieferdiensten im Jahr 2006 immerhin Umsätze von einer halben Milliarde Euro bei

einem Gesamtumsatz der Bio-Lebensmittelbranche von 4,6 Milliarden Euro. Dabei profitieren vor allem die Lieferdienste und stadtnahen Hofmärkte mit einem breiten Angebot. Weite Wege zu einem Hofladen »in der Pampa« wollen offenbar immer weniger Kunden in Kauf nehmen, seit klassische Bio-Direktvermarktungsprodukte wie Kartoffeln, Äpfel, Milch, Eier oder Möhren auch beim konventionellen Discounter zu haben sind.

In Deutschland gibt es etwa 300 Dienste, die Bio-Waren ins Haus liefern. Allein in Bayern versorgen die Frei-Haus-Dienste rund 10.000 Haushalte. Knapp 40 Betriebe haben sich bundesweit im Verband bäuerlicher Gemüselieferbetriebe zusammengeschlossen. Jeder von ihnen betreut einen Kreis von 800 bis 900 Kunden. Die »Ökokiste« steht dafür, dass Öko-Produkte erntefrisch und direkt vom Feld frei Haus geliefert werden. Weil es heute aber Bio-Produkte in jedem Discounter gibt, geht die Mehrzahl der Kunden einen anderen Weg: Sie kauft am Nachmittag ein, was sie am Abend kochen will.

Die Marke »Ökokiste« ist rechtlich geschützt. Wer das Label nutzen will, muss sich verpflichten, ein bestimmtes Regelwerk einzuhalten. Dazu gehört etwa, dass in Ökokisten keine klimaschädliche Flugware enthalten sein darf und das Angebot zum größten Teil aus Regionalprodukten bestehen soll. Außerdem muss ein Lieferdienst entweder selbst Erzeuger von Bio-Produkten sein oder mit Erzeugerbetrieben langfristige Kooperationen (inklusive Abnahmegarantien) eingegangen sein. Ziel der Ökokisten-Betriebe ist es nicht nur, ihre Kunden zufriedenzustellen. Sie möchten auch zeigen, so Martina Kögl, »dass ökologische Landwirtschaft mit kleinen, überschaubaren Strukturen und Direktverkauf von bäuerlichen Produkten wirtschaftlich erfolgreich sein kann«.

Mit dem Holzhammer geht das jedoch längst nicht mehr. Natürlich könne man das Kaufverhalten in gewisser Weise über das Angebot steuern, sagt Martina Kögl. »Doch auch unsere Kunden lassen sich nicht mehr bevormunden. Nur mit Wirsing und Kohlrabi kommen Sie heute nicht mehr weit.« Sie hat ihr Sortiment mit Öko-Fleisch und -Wurst, Molkereiprodukten, Nudeln und hausgemachten Marmeladen weiter aufgewertet. Die Kunden können über Internet oder Telefon wählen, was ihre Kiste enthalten soll. Zusätzlich zu den standardisierten Kisten kann man ab und zu wählen, was man gerade möchte. Die fertige Kiste kann man sich dann sogar im Internet ansehen. Geliefert wird einmalig oder per Abonnement in jedem gewünschten Turnus. Der Warenstrom der Kößnacher wird durch moderne EDV und Kühlfahrzeuge unterstützt, der Internetshop wöchentlich aktualisiert.

Auch was das Angebot angeht, gehen die Ökokisten-Unternehmer mit der Zeit. Und so landet auch manches aktuelle Modegemüse in der Kiste. Vor ein paar Jahren war es Rucola, heute ist es »Japanese green«, eine asiatische Salatspezialität mit hellgrünen, lanzettförmigen, mildwürzigen Blättern. Damit die Kunden wissen, was man damit anstellen kann, liegen jeder Kiste Rezeptvorschläge bei.

20-jährige Erfolgsgeschichte: Trotz Bio-Boom im Discounter ist die Bio-Kiste beliebt wie eh und je.

Direktvermarktung von Bio-Produkten

Die bekannteste und älteste Form der Direktvermarktung landwirtschaftlicher Produkte ist der Wochenmarkt. Weil die Kommunen das Marktrecht besitzen, können sie darüber entscheiden, wer dort seine Stände aufschlagen darf. Reine Erzeugermärkte, auf denen noch Bäuerinnen ihre Waren feilbieten, heißen Bauernmärkte. Sie sind jedoch selten. In der Regel stehen »echte« Bauern neben fliegenden Händlern mit ihren mobilen Verkaufsständen. Eine andere Form der Direktvermarktung ist der Hofladen. Manchmal verkauft ein Bauer dort nur seine Eier; andere Hofläden haben sich zu kleinen Lebensmittelgeschäften entwickelt. Allerdings ist der Anteil der Direktvermarktung am Gesamtabsatz von Lebensmitteln alles in allem recht klein. Er liegt zwischen fünf und zehn Prozent. Tendenz: gleichbleibend.

Institutionelle Treiber

WER SORGT
FÜR SICHERHEIT UND
QUALITÄT?

Lebensmittel in Verruf

VON FRANZ-THEO GOTTWALD

Beinahe wöchentlich erreichen die Verbraucher Meldungen über Skandale in der Lebensmittelwirtschaft. Dioxin, Nikotin, Nitrofen, Hormone, Antibiotika, Acrylamid, Gammelfleisch, Wildfleischskandal, BSE, Maul- und Klauenseuche, Vogelgrippe, Schweinepest – wer soll da schon wissen, was man noch ohne Bedenken essen kann?

Die Verunsicherung seitens der Konsumenten ist groß, das Vertrauen in die Branche sinkt. Auch fehlt es mittlerweile an Vertrauen in die Politik und die Regelungs- und Kontrollorgane, die eigentlich verhindern sollten, dass der Verbraucher mit derartigen Missständen konfrontiert wird. Doch wie ist es eigentlich um unsere Lebensmittelsicherheit bestellt? Welche Vorschriften, Richtlinien, Standards und Kontrollen gibt es überhaupt? Und welche Institutionen befassen sich in Deutschland mit Fragen des Verbraucherschutzes und der Lebensmittelsicherheit?

Das Sicherheitsnetz der Lebensmittelwirtschaft

Dass wir sicher und mit gutem Gewissen essen und trinken können, das soll ein dichtes Netz von staatlichen und zivilgesellschaftlichen Institutionen und Organisationen garantieren. Da gibt es an staatlichen Institutionen die Europäische Behörde für Lebensmittelsicherheit, das Bundesministerium für Ernährung, Landwirtschaft und

Staatliche Kontrollen: Stichprobenartig werden Lebensmittel auf Pestizide, Schimmelpilze oder Bakterien untersucht – um Verunreinigungen weitgehend auszuschließen.

Verbraucherschutz, entsprechende Landesministerien, das Bundesinstitut für Risikobewertung (BfR), das Bundesamt für Verbraucherschutz und Lebensmittelsicherheit (BVL) sowie auf Landkreisebene Veterinär- und Gesundheitsämter. Auf die Entwicklung und Einhaltung von Standards achtet die Zivilgesellschaft: Die Stiftung Warentest, Öko-Test, der Bund für Umwelt- und Naturschutz in Deutschland, Greenpeace, Foodwatch, die Verbraucherzentralen und die Verbraucherinitiative – diese Verbände, Vereine, Initiativen und Organisationen achten darauf, dass staatliche Vorgaben eingehalten und wo nötig verbessert werden.

Dennoch sind Krisen an der Tagesordnung. Nicht nur im Fleischhandel, sondern in nahezu allen Sektoren der Lebensmittelherstellung und -verarbeitung kommt es in unschöner Regelmäßigkeit zu Skandalen. Erschreckende Nachrichten über verbotene Pestizide in Obst und Gemüse beziehungsweise überschrittene Grenzwerte, über Hormonbelastungen bei Shrimps und Zuchtlachs sowie Schwermetalle in frisch gefangenem Fisch – all das zeigt, dass dem Verbraucher heutzutage wenig erspart zu bleiben

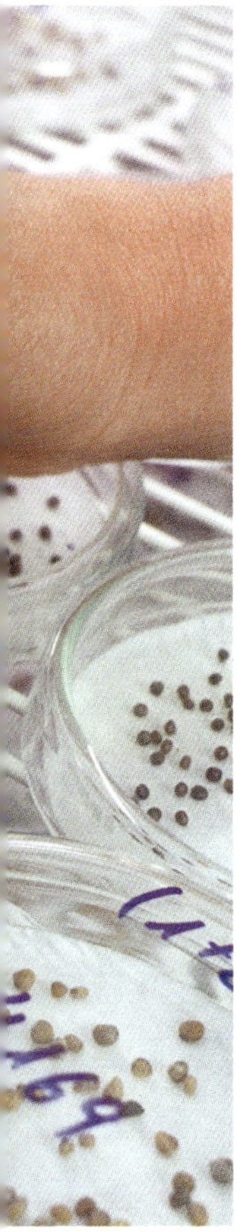

scheint. Doch diese Meldungen machen auch deutlich, wie empfindlich unsere Lebensmittel sind und dass jeder Schritt von der Erzeugung über die Verarbeitung bis zur Vermarktung von Lebensmitteln Risiken für die Qualität bergen kann.

Staatliche Qualitätssicherung und Kontrolle

Um diese Gefahren so gering wie möglich zu halten, ist ein – zumindest in der Theorie – gut funktionierender Mechanismus aus Kontrolle und Qualitätssicherung entstanden: Die Rahmengesetzgebung zur Produktion und Verarbeitung von Lebensmitteln wird von der Europäischen Union erlassen und muss von den jeweiligen EU-Mitgliedstaaten umgesetzt werden. Die EU gibt Mindeststandards vor; die einzelnen Länder müssen diese Standards konkretisieren und für deren Umsetzung sorgen.

Besondere Bedeutung kommt dem so genannten HACCP-Konzept (Hazard Analysis Critical Control Point) zu. Es wurde 1959 von der NASA ursprünglich für technische Anwendungen entwickelt, Mitte der achtziger Jahre regte die US-amerikanische National Academy of Sciences seine weltweite Weiterentwicklung und Erprobung auch auf dem Lebensmittelsektor an. Im deutschen Recht wurde das HACCP-Konzept erstmals 1998 in der Lebensmittelhygiene-Verordnung verankert. Auch das 2006 in Kraft getretene, so genannte Hygienepaket der EU bestimmt, dass nur noch Lebensmittel, die die HACCP-Richtlinien erfüllen, in der Europäischen Union gehandelt und eingeführt werden dürfen.

Das HACCP-Konzept fordert,

- alle im Verantwortungsbereich eines Unternehmens bestehenden Risiken für die Verträglichkeit der Lebensmittel zu analysieren,
- die für die Lebensmittelüberwachung kritischen Punkte zu ermitteln,
- Eingriffsgrenzen für diese Punkte festzulegen,
- Verfahren zur fortlaufenden Überwachung der Lebensmittelsicherheit einzuführen,
- Korrekturmaßnahmen für den Fall von Abweichungen festzulegen,
- zu überprüfen, ob das System zur Sicherstellung der Lebensmittelsicherheit geeignet ist, und
- alle Maßnahmen zu dokumentieren.

Neben der EU-Gesetzgebung gibt es unterschiedliche staatliche Programme zur Lebensmittelüberwachung. So legt das Bundesamt für Verbraucherschutz und Lebensmittelsicherheit (BVL) beispielsweise die »Nationale Berichterstattung Pflanzenschutzmittelrückstände« vor, in der die Belastung von Obst und Gemüse sowie von Lebensmitteln tierischen Ursprungs mit Pflanzenschutzmittelrückständen dokumentiert wird.

Der »Nationale Rückstandskontrollplan« ist auf die Prüfung der Tierbestände, der Schlachthöfe und der Betriebe ausgerichtet, die das noch unverarbeitete Roherzeugnis erhalten – zum Beispiel Milch, Eier, Honig und Wild. Beim Lebensmittel-Monitoring wird nach unerwünschten Stoffen wie Pflanzenschutzmitteln, Schwermetallen oder Medikamentenresten gesucht. Die jeweiligen Ergebnisse werden bewertet, so dass die Verbraucher sehen können, welchen Pestizid-Cocktail beispielsweise Erdbeeren enthalten oder ob Bio-Produkte tatsächlich giftfrei sind. Jedes Jahr legen das BVL und die Bundesländer einen bestimmten Warenkorb fest, in dem die zu untersuchenden Lebensmittel verzeichnet sind, die im Rahmen des Lebensmittel-Monitorings untersucht werden sollen.

Die konkrete Lebensmittelüberwachung ist in Deutschland Aufgabe der Bundesländer. Die jeweiligen Länderministerien – für Verbraucherschutz, Ernährung und Gesundheit – entwickeln Untersuchungsprogramme, die von den Lebensmittelüberwachungs- und Veterinärämtern in den Städten und Landkreisen ausgeführt werden. Betriebe, die Lebensmittel herstellen, verarbeiten oder verkaufen, werden erfasst, in Risikokategorien eingestuft und regelmäßig kontrolliert. Dabei entscheiden die Kontrollbehörden je nach Höhe des Risikos über die zeitlichen Abstände der Kontrollen. Bei akuten Verdachtsmomenten oder Problemen gibt es darüber hinaus spontane Untersuchungen.

Die Lebensmittelkontrolleure dürfen Proben anfordern, entnehmen und zur Analyse in Labore schicken. So werden jährlich rund 400.000 Proben auf die Einhaltung der Grenzwerte untersucht. Überwacht wird auch, ob die Lebensmittel gemäß ihrer rechtlichen Definition zusammengesetzt sind. Verstößt ein Unternehmen gegen bestehende Vorschriften, werden die Produkte beanstandet und, sofern die Verbrauchergesundheit gefährdet ist, aus dem Handel genommen.

Ziegenkäse aus dem Altenburger Land: Eine Mitarbeiterin des gleichnamigen ostthüringischen Unternehmens prüft den Reifegrad des Weichkäses.

In jüngerer Zeit ist allerdings zunehmend ein Vollzugsdefizit von Gesetzen zur Lebensmittelkontrolle zu beobachten. Mehr oder weniger in allen Bundesländern wurden im Zuge einer neoliberal inspirierten »Entbürokratisierung« staatliche Behörden zusammengelegt oder abgeschafft, gesetzliche Regelungen geschleift, wurde Kontrollpersonal gestrichen. Umweltschutzorganisationen wie die Deutsche Umwelthilfe (DUH) beklagen, dass Deutschland zur »Bananenrepublik« werde. Weil sich der Staat aus Überwachungsaufgaben zurückziehe, liege es jetzt oft an privaten Institutionen wie Greenpeace, Foodwatch oder der DUH, für die Einhaltung bestehender Gesetze zu sorgen. Diese seien aber zu schwach und unzureichend mit finanziellen Mitteln ausgestattet, um diese Lücke schließen zu können.

Mittlerweile kommt auch der Eigenkontrolle der Lebensmittelwirtschaft ein hoher Stellenwert zu. Betriebe, die Lebensmittel herstellen, verarbeiten und verkaufen, sind dazu verpflichtet, auch durch eigene Prüfungen die Qualität der verwendeten Rohstoffe sowie alle Warenein- und -ausgänge zu dokumentieren. So kann innerhalb kürzester Zeit nachvollzogen werden, an welcher Stelle eine »Panne« stattgefunden hat. Die Unterlagen darüber müssen der behördlichen Lebensmittelüberwachung für eine »Kontrolle der Kontrolle« zur Verfügung stehen.

Internationale Standards

Neben den rechtlichen Vorgaben der EU und der einzelnen Nationalstaaten gibt es internationale Standards, wie etwa den Internationalen Standard für Lebens- und Futtermittel, der unter Fachleuten unter dem Kürzel ISO 22000 bekannt ist. Dieser Standard wurde 2005 verabschiedet. Er ist das einzige weltweit ausgelegte Managementsystem für Lebensmittelsicherheit. Ein weiterer Standard auf internationaler Ebene ist der International Food Standard (IFS), der 2003 von Vertretern des europäischen Lebensmitteleinzelhandels definiert wurde. Er dient der Überprüfung und Zertifizierung von Systemen, die Sicherheit und Qualität bei der Produktion von Lebensmitteln garantieren sollen.

Viele deutsche Firmen werben mit der Zertifizierung durch internationale Standards. Sie bieten nicht nur im Hinblick auf den Export und Import von Lebensmitteln mehr Transparenz und Sicherheit, sondern gelten auch im Inland für Kunden und Geschäftspartner gleichermaßen als wichtige Richtschnur.

Freiwillige Selbstkontrolle der Wirtschaft

Auch die Lebensmittelwirtschaft selbst sorgt sich um die Qualität unserer Lebensmittel. Sie ist auf das Vertrauen der Verbraucher angewiesen und an einem guten Image interessiert. Lebensmittelskandale schaden der gesamten Branche, und so bemüht man sich mehr und mehr um Qualität, Sicherheit und Transparenz. Ein Beispiel für das Engagement der Wirtschaft in puncto Lebensmittelsicherheit ist das Qualitätssicherungs-System, kurz QS-System, das im Herbst 2001 von den führenden Verbänden und Organisationen der Lebensmittelwirtschaft ins Leben gerufen wurde. Nach der BSE-Krise und der Einführung des EU-Bio-Siegels wollte auch die konventionelle Lebensmittelbranche einen eigenen Qualitätssicherungsstandard vorweisen. Im QS-System sind vom Lebensmitteleinzelhandel über die Landwirtschaft bis zur Futtermittelwirtschaft über 70.000 Unternehmen im In- und Ausland unter einem Dach vereint.

Das QS-System wurde ursprünglich für Fleisch und Fleischprodukte aufgebaut, 2004 kam der Produktbereich Obst, Gemüse und Kartoffeln hinzu. Bis heute haben sich über 100.000 Systempartner im Bereich Fleisch und Fleischwaren und mehr als 16.000 im Bereich Obst und Gemüse dem Qualitätssystem angeschlossen. Aus dem europäischen Ausland sind derzeit mehr als 7500 Betriebe beteiligt. Innerhalb nur weniger Jahre hat sich QS damit zum bedeutendsten System zur Qualitätssicherung bei Lebensmitteln entwickelt. Für die Vergabe und Kommunikation des Zeichens ist die Centrale Marketing-Gesellschaft der deutschen Agrarwirtschaft mbH (CMA) verantwortlich.

Druck der Zivilgesellschaft: Verbraucherorganisationen und Umweltverbände wollen mit Demonstrationen und Kampagnen Gentechnik im Essen verhindern.

HALLHUBER
SWAROVSKI
McCafé
Mit jedem Hamburger von McDonald's unterstützen wir Konsumenten zwangsweise die Gentechnik in der Landwirtschaft. Weil McDonald's gentechnisch veränderte Futtermittel bei der Rindfleischproduktion einsetzt.
Schluss damit!
Ich fordere McDonald's auf, Futter ohne Gentechnik einzusetzen. Denn das ist möglich.
Wollen Sie auch Hamburger ohne Gentechnik? Dann unterschreiben Sie jetzt hier!
GeMein!
McDonald's macht nur Hamburger mit Gentechnik.
foodwatch

Dennoch ist das QS-System nicht unumstritten. Kritiker bemängeln, dass sich die Kriterien für die Erteilung des Siegels kaum von den allgemeinen gesetzlichen Vorgaben für die Lebensmittelproduktion unterscheiden. Der öffentlich massiv beworbene Prüfungsprozess bestätige letztlich nicht viel mehr als die Einhaltung geltender Gesetze.

Ein weiteres Qualitäts- und Gütesiegel ist das Siegel der CMA. Doch wer hier, insbesondere bei Fleischwaren, herausragende Qualität vermutet, sieht besser zweimal hin. Das Siegel schließt weder genmanipuliertes Tierfutter, Wachstumsförderer, vorbeugende Medikamente noch Massentierhaltung aus. Damit stammt das unter dem Gütesiegel beworbene Fleisch aus ganz herkömmlicher, konventioneller Landwirtschaft.

Zivilgesellschaftlicher Verbraucherschutz: Foodwatch

Mit Recherchen, Kampagnen und vor Gericht kämpft die unabhängige Verbraucherschutzorganisation Foodwatch für die Rechte der Kunden und mehr Transparenz auf dem Markt. Obwohl die Organisation erst 2002 gegründet worden war, hatte sie Ende 2007 schon knapp 12.000 Förderer. Das sind gut 1600 Unterstützer mehr als noch zu Jahresbeginn – ein Zuwachs von fast 16 Prozent. Der große Zuspruch ist nicht zuletzt darauf zurückzuführen, dass 2007 ein ziemlich turbulentes Jahr war – mit Gammelfleischskandal, Acrylamidbelastung und Tiermehl-Schmuggel, um nur einige zu nennen.

Foodwatch macht öffentlich, was Hersteller, Handel und Behörden oftmals unter der Decke halten. Die Organisation deckt die Hintergründe von Lebensmittelskandalen auf und nennt die Verantwortlichen, informiert über Gifte wie Nitrofen und Dioxine in Futter- und Lebensmitteln sowie über akute Sicherheitslücken bei Tiermehl. Foodwatch entlarvt Etikettenschwindel und testet selbst Lebensmittel wie Weihnachtsgebäck und Kartoffelchips auf ihren Gehalt an krebsverdächtigem Acrylamid. Mit Aktionen wie der »Burgerbewegung« gegen die Fastfood-Kette McDonald's tritt der Verein außerdem für mehr Wahlfreiheit bei Gentechnik im Essen ein.

Ex-Greenpeace-Chef und Foodwatch-Geschäftsführer Thilo Bode liegt dabei besonders die Transparenz der Lebensmittelbranche am Herzen: »Wir fordern mehr Transparenz. Die Industrie spricht gern vom mündigen Verbraucher, aber das ist eine Illusion. Eine Leberwurst ist keine Eigentumswohnung – als Käufer will ich mich relativ schnell entscheiden können. Aber wie kann ich das, wenn ich mir mühsam die Informationen zusammensuchen muss – vorausgesetzt, ich erhalte sie überhaupt?«

Geschäftsführer an vorderster Front: Foodwatch-Chef Thilo Bode protestiert vor einer Filiale der Fastfood-Kette McDonald's gegen Gentechnik.

In dem Projekt »Abgespeist« (www.abgespeist.de) nimmt Foodwatch explizit die Versprechungen der Lebensmittelindustrie unter die Lupe und deckt diverse Werbelügen auf. Selbst Traditionsprodukte, wie die Kinder-Schokolade von Ferrero, geraten dabei ins Visier der »Essensretter«. Denn die Werbebotschaft, Kinder-Riegel enthielten »das Beste aus der Milch«, eine »besonders reichhaltige Milchfüllung« und damit »viel Kalzium«, suggeriere den Eltern, dass sie ihren Kindern eine gesunde Zwischenmahlzeit anböten. Dabei müsste, so Foodwatch, ein Kind 13 Riegel essen, um seinen Tagesbedarf an Kalzium zu decken, und hätte bei dieser Gelegenheit auch 48 Stück Würfelzucker und ein halbes Paket Butter verspeist. Die Stellungnahme von Ferrero zu den zweifelhaften Werbebotschaften ist eher enttäuschend: Der Hinweis »für eine Extra-Portion Milch« mache lediglich darauf aufmerksam, dass die Schokolade einen relativ hohen Prozentsatz an Milchbestandteilen aufweise. Dies werde von den Konsumenten auch genau so verstanden. Leider verstecken sich die Unternehmen der Lebensmittelindustrie, insbesondere die Süßwarenhersteller, immer noch hinter der Phrase, dass es keine per se gesunden oder ungesunden Lebensmittel gäbe. Entscheidend seien vielmehr die Menge der verzehrten Lebensmittel und eine generell ausgewogene Ernährung.

Dabei hatte sich die frühere Verbraucherschutzministerin Renate Künast stark für eine bessere Kontrolle von Werbelügen in der Lebensmittelwirtschaft eingesetzt – insbesondere bei Produkten, deren Zielgruppe Kinder und Jugendliche sind. In der 2004 gemeinsam mit der Industrie gegründeten Plattform Ernährung und Bewegung wollte man auch diese Missstände beseitigen, für gesündere Ernährung und mehr Bewegung werben und gegen die Fettleibigkeit von Kindern ein Zeichen setzen. Doch allem Anschein nach nutzen viele Firmen die Plattform zur Imagepflege. Mitglieder aus der Industrie sind unter anderem Danone, McDonald's, Coca Cola – und Ferrero.

Die investigativen Journalisten

Eine wichtige Rolle spielen Beiträge, Reportagen und Sachbücher investigativer Journalisten in Deutschland, wenn es darum geht, die Verbraucher aufzuklären. Beispielhaft seien hier die beiden Autoren Udo Pollmer und Hans-Ulrich Grimm genannt.

Udo Pollmer, selbst Lebensmittelchemiker, arbeitet seit den achtziger Jahren unter anderem als Wissenschaftsjournalist. In seinen Büchern deckt er insbesondere Ernährungslügen rund um vermeintlich »gesunde« Ernährung. In seinem bereits 1994 erschienenen und 2006 aktualisierten Band *Prost Mahlzeit* klärt er zum Beispiel über

Idylle auf dem Feld: Weil auf Öko-Höfen noch viel Handarbeit notwendig ist, können während der Ernte Kinder auf den Feldern spielen.

die tatsächlichen Hintergründe und den Gesundheitsnutzen von Vitaminen, Mineralstoffen und Vollwertkost auf. Der Wissenschaftspublizist erklärt anschaulich, warum künstlicher Süßstoff dick macht, Light-Produkte in erster Linie den Herstellerfirmen nützen und Salz und Cholesterin keinesfalls zwangsläufig der Gesundheit schaden. Doch Pollmer belässt es nicht bei harscher Kritik; er zeigt dem Verbraucher neue Wege auf, wie man sich trotz aller Hürden, die Markt und Medizin in den vergangenen Jahrzehnten aufgebaut haben, gesund ernähren kann. Dass selbst scheinbar informierte Verbraucher mit ihrem Wissen danebenliegen können, zeigt sein Buch *Lexikon der populären Ernährungsirrtümer.* Hier räumen Pollmer und seine Mitautorin Susanne Warmuth mit Ammenmärchen rund um die »gesunde« Ernährung auf. Wer glaubte, Milch schütze vor Osteoporose, Spinat enthalte viel Eisen, Vanillearoma komme aus der Vanilleschote oder Kalbsleberwurst bestehe wirklich aus Kalbsleber, der muss sich hier eines Besseren belehren lassen.

Hans-Ulrich Grimm war in den neunziger Jahren Redakteur beim Nachrichtenmagazin *Der Spiegel* und rechnet heute in vielen Veröffentlichungen mit der Nahrungsmittelindustrie und ihren Lügen ab. In seinen Büchern *Die Ernährungslüge*, *Die Suppe lügt* und *Aus Teufels Topf* werden die Praktiken der Nahrungsmittelindustrie offengelegt und mit entsprechenden Beispielen wissenschaftlich untermauert. Grimms Fazit: Alles ist technisch machbar und wird auch gemacht. Besonders eindrucksvoll ist immer wieder das Beispiel des Erdbeerjoghurts: Da der Bedarf an Erdbeeren für Erdbeerjoghurt nicht einmal zu fünf Prozent gedeckt werden kann, selbst wenn die gesamte Erdbeerproduktion der Welt dafür verwendet werden würde, wird für den vermeintlichen Erdbeerjoghurt schon mal tief in die Trickkiste der »Food-Designer« gegriffen: Sägespäne werden mit Aromen, Farb- und Süßstoffen angereichert und ersetzen die süßen Früchte. Das alles ist nicht nur unappetitlich, sondern kann auch echte Gesundheitsgefahren bergen. Dazu gehören neben Mangelerscheinungen, Allergien und psychosomatischen Beschwerden auch Krebserkrankungen.

Grimm und viele seiner Mitstreiter sind vor allem die dreisten Werbebotschaften für Nahrungsmittel ein Dorn im Auge, die für Kinder und Jugendliche bestimmt sind. In *Die Wahrheit über Käpt'n Iglo und die Fruchtzwerge* zeigen die Autoren, was tatsächlich in den Lebensmitteln für Kinder enthalten ist, und decken auf, wie die Lebensmittelindustrie das Urteilsvermögen der Eltern manipuliert. Da der Markt für die Ernährung von Kindern und Jugendlichen äußerst lukrativ ist, nimmt man es hier mit der Wahrheit oftmals nicht ganz genau. Wenn also Sportler begeistert von ihrer Fitness berichten und gleichzeitig in ein Nutella-Brötchen beißen, sollte das nicht darüber hinwegtäuschen, dass der Nuss-Nougat-Aufstrich zur Hälfte aus Zucker besteht.

Ohne den Einsatz, den Mut und die Kompetenz vieler Journalisten würden die Verbraucher oft wenig oder nichts über die Machenschaften der schwarzen Schafe in der Lebensmittelindustrie erfahren. Detailgetreu recherchiert, dokumentiert und verständlich aufbereitet bieten ihre Veröffentlichungen der breiten Masse Zugang zu Informationen, die Behörden und Industrie in diesem Maße niemals offenlegen würden. Bleibt die Frage: Welche Konsequenzen ziehen die Verbraucher daraus?

Notwendige Analysen: Die Ergebnisse aus dem Labor helfen Journalisten, den Finger in die Wunde zu legen und dem Käufer zu zeigen, worauf er im Supermarkt achten soll.

Zu guter Letzt: Jeder ist für sich selbst und die Welt verantwortlich

Die Skandale der letzten Jahre haben gezeigt, dass sich die Verunsicherung der Kunden durchaus in ihrer Kaufentscheidung widerspiegelt, wenn auch die Reaktionen oft nicht nachhaltig sind. So brach beispielsweise der Rindfleischabsatz im Frühjahr 2001 als Folge der BSE-Krise um mehr als 50 Prozent ein. Doch bereits im Sommer desselben Jahres zog der Appetit auf Rindfleisch wieder an und erreichte bald fast wieder das Ausgangsniveau. Heute scheint BSE nahezu in Vergessenheit geraten zu sein. Dabei ist es nach wie vor aktuell: Allein im ersten Halbjahr 2007 gab es in Deutschland zehn bestätigte Fälle von BSE.

Auch die möglichen Gefahren der Grünen Gentechnik tragen erheblich zur Verunsicherung bei. Daran kann auch das neue, Anfang 2008 vom Bundestag beschlossene Gentechnik-Gesetz nichts ändern. Denn die neu eingeführte Kennzeichnung »ohne Gentechnik« verspricht mehr, als sie halten kann. Künftig können tierische Lebensmittel wie Fleisch, Eier oder Milch mit einem »ohne Gentechnik«-Etikett versehen werden; dies gilt auch dann, wenn die Tiere lediglich eine Zeit lang kein Futter aus gentechnisch veränderten Pflanzen erhalten haben. Auch Futterzusätze wie Vitamine, Aminosäuren oder Enzyme, die mit Mikroorganismen aus dem Gen-Labor hergestellt worden sind, dürfen verwendet werden. Für Verbraucher, die sich ohne gentechnisch veränderte Lebensmittel ernähren wollen, sind diese unklaren und verworrenen Bestimmungen wenig hilfreich.

Fragwürdig sind auch die im Gesetz geregelten Abstandsgrenzen zwischen Äckern mit und ohne Gentechnik. Doch die Landwirte haben bereits seit längerer Zeit Maßnahmen zu ihrem eigenen Schutz vor gentechnischer Verunreinigung ihrer Felder entwickelt. Dies zeigen rund 175 gentechnikfreie Regionen, die es mittlerweile in Deutschland gibt. Anfang 2004 gründeten Land- und Forstwirte die Initiative Gentechnikfreie Regionen (GFR). Dabei handelt es sich um die größte landwirtschaftliche

Greenpeace gegen Gen-Tech: Die Regenbogenkämpfer gehören zu denen, die sich seit Jahren dafür einsetzen, dass in Deutschland kein gentechnisch veränderter Mais angebaut wird.

Basisbewegung der letzten Jahre. Gentechnikfreie Regionen auf der Grundlage freiwilliger Selbstverpflichtungserklärungen oder verbindlicher Beschlüsse von Bauernversammlungen sind derzeit die einzige Möglichkeit für Landwirte, sich auch mittel- und langfristig für eine garantiert gentechnikfreie Erzeugung zu entscheiden und dem Verbraucher auf diese Weise mehr Sicherheit bieten zu können.

Die Sensibilität der Verbraucher für all diese Themen ist zweifellos gewachsen. Nach wie vor scheint aber beim Lebensmitteleinkauf vor allem eins zu zählen: der Preis. Dass Dumping-Preise nur die Kehrseite von Dumping-Löhnen sind und mit minderwertiger Qualität, niedrigen Tierschutzstandards und geringem Interesse für ökologische und soziale Belange einhergehen, sollte mittlerweile aber jedem klar sein. Es stellt sich also immer drängender die Frage, was jeder Einzelne eigentlich will, was er von der Lebensmittelindustrie erwartet und welche Vorstellungen er von einer lebenswerten Zukunft hat. Denn angesichts der Fülle an Informationen kann heute kaum jemand mehr sagen, er habe »nichts davon gewusst«.

8 Grundsätze für einen verträglichen Ernährungsstil

1. Weniger Fleisch! Pflanzliche Lebensmittel bevorzugen
2. Hoch verarbeitete Lebensmittel meiden
3. Etwa die Hälfte der Nahrungsmenge als unerhitzte Frischkost (Rohkost) zu sich nehmen
4. Alle Lebensmittelzusatzstoffe meiden
5. Erzeugnisse aus kontrolliert ökologischer (kontrolliert biologischer) Landwirtschaft bevorzugen
6. Gemüse und Obst aus regionalem Anbau und entsprechend der Jahreszeit kaufen
7. Aufwändige Lebensmittelverpackungen meiden
8. Keine Lebensmittel wegwerfen

Anhang

INSTITUTIONEN

KONTAKTE

INTERNET-ADRESSEN

LITERATUR

Institutionen, Kontakte, Internet-Adressen

BanaFair: Der Verein vermarktet Bio- und Fairtrade-Bananen.
Tel. (06051) 83660, www.banafair.de

Bioland: Der größte ökologische Anbauverband.
Tel. (06131) 239790, www.bioland.de

Bio-Siegel: Das Bio-Siegel nach der EG-Öko-Verordnung ist in einzelnen Punkten weniger streng als die Anforderungen der verschiedenen Anbauverbände, steht aber ebenfalls für Lebensmittel in Öko-Qualität. Details bei der Bundesanstalt für Landwirtschaft und Ernährung.
Tel. (0228) 68453355, www.biosiegel.de

Demeter: Eine Gemeinschaft von Landwirten, die nach den Vorgaben Rudolf Steiners anthroposophisch wirtschaftet.
Tel. (06155) 84690, www.demeter.de

Ecovin: Der Dachverband ökologisch anbauender Winzer.
Tel. (06133) 1640, www.ecovin.org

Foodwatch: Der von dem ehemaligen Greenpeace-Geschäftsführer Thilo Bode gegründete Verein hat es sich auf die Fahnen geschrieben, den Bereich Lebensmittel transparenter zu machen.
Tel. (030) 28093995, www.foodwatch.de

Gepa: Das größte Handelshaus in Deutschland für Produkte aus fairem Handel.
Tel. (0202) 266830, www.gepa.de

Naturland: Ein großer ökologischer Anbau-Verband, der sich vor allem Transparenz auf die Fahnen geschrieben hat.
Tel. (089) 8980820, www.naturland.de

Neuland: Der Verein für tiergerechte und umweltschonende Nutztierhaltung wurde u.a. vom BUND und vom Deutschen Tierschutzbund gegründet. Er zeichnet sich vor allem durch artgerechte Tierhaltung aus.
Tel. (039055) 92914, www.neuland-fleisch.de

Ökologischer Landbau: Gut aufbereitete Informationen der Geschäftsstelle Ökologischer Landbau der Bundesanstalt für Landwirtschaft und Ernährung.
Tel. (0228) 68452907, www.oekolandbau.de

Einkaufsadressen und lokale Anbieter unter *www.allesbio.de*

Slow Food: Ein Verein, der sich langsames Genießen auf die Fahnen geschrieben hat.
Tel. (04271) 951165, www.slowfood.de

Transfair: Verein zur Förderung des fairen Handels mit der »Dritten Welt«. Der Verein produziert selbst keine Waren, steht aber für fairen Handel mit Entwicklungsländern. Die wichtigsten Produkte: Kaffee, Kakao, Tee, aber auch Bananen, Ananas oder Mangos.
Tel. (0221) 9420400, www.transfair.org

Literatur

Alt, Franz / Gollmann, Rosi / Neudeck, Rupert:
Eine bessere Welt ist möglich –
Ein Marshallplan für Arbeit, Entwicklung und Freiheit.
München: Riemann 2005.

Bode, Thilo:
Abgespeist –
Wie wir beim Essen betrogen werden und was wir dagegen tun können.
Frankfurt: S. Fischer 2007.

Busse, Tanja:
Die Einkaufsrevolution –
Konsumenten entdecken ihre Macht.
München: Karl Blessing Verlag 2006.

Girardet, Herbert (Hrsg.):
Zukunft ist möglich –
Wege aus dem Klima-Chaos.
Hamburg: Europäische Verlagsanstalt 2007.

Gottwald, Franz-Theo / Fischler, Franz (Hrsg.):
Ernährung sichern – weltweit.
Ökosoziale Gestaltungsperspektiven.
Hamburg: Murmann 2007.

Gottwald, Franz-Theo/ Kolmer, Lothar:
Speiserituale –
Essen, Trinken, Sakralität.
Stuttgart: Hirzel-Verlag 2005.

Grießhammer, Rainer:
Der Klima-Knigge.
Booklett 2007.

Habisch, André:
Corporate Citizenship –
Gesellschaftliches Engagement von Unternehmen in Deutschland.
Berlin, Heidelberg: Springer 2003.

Lutzenberger, José / Gottwald, Franz-Theo:
Wege aus der Ernährungskrise.
2. Auflage des Buches **Ernährung in der Wissensgesellschaft.**
Frankfurt: Campus 1999.

Mayer-Tasch, Peter Cornelius (Hrsg.):
Die Küche im Dorf lassen –
Ein sinnenfrohes Ökolog(inn)enkochbuch.
Gelnhausen: Triga 2002.

Mayer-Tasch, Peter Cornelius (Hrsg.):
Meer ohne Fische?
Profit und Welternährung.
Frankfurt: Campus 2007

Stückelberger, Christoph:
Ethischer Welthandel –
Eine Übersicht.
Bern: Haupt 2001.

Niehaus, Monika / Pollmer, Udo:
Food-Design.
Panschen erlaubt.
Stuttgart: Hirzel-Verlag 2007.

Bibliografische Information Der Deutschen Nationalbibliothek Die Deutsche Nationalbibliothek verzeichnet diese Publikation in der Deutschen Nationalbibliografie; detaillierte bibliografische Daten sind im Internet unter http://dnb.d-nb.de abrufbar.

Deutsche Originalausgabe

Ein Unternehmen der La Martinière Groupe

Gestaltung und Satz: Irma Schick Design, www.irmaschick.com
Lithografie: Repro-Ludwig, A – Zell am See
Druck: Passavia, Passau
Printed in Germany

ISBN 978-3-89660-596-2

www.knesebeck-verlag.de

BILDNACHWEIS:
Cover: Oben links: **SALIM PUSHPANATH**; Mitte: **FOTOLIA**; rechts: **GETTY IMAGES**; unten: **STOCKFOOD**

STEFAN ABTMEYER: Seite 116 rechts
BILDUNGSPAKT BAYERN: Seite 21 rechts
BLE BONN: Seite 18 und 190 rechts
JÜRGEN CHRIST/ÖKOKISTE: Seite 158
DPA: Seite 156, 161 links, 188, 193
FOODWATCH: Seite 196
FOTOLIA: Seite 28, 51 rechts, 101 links, 124, 126, 172 links, 190 links
GREENPEACE/MARTIN LANGER: Seite 202
HIPP: Seite 24 rechts und links, Seite 201
KAISER'S TENGELMANN AG: Seite 17 und 161 rechts
OBS/GENTECHNIK-FREIE LANDWIRTSCHAFT IN BADEN-WÜRTTEMBERG: Seite 194 rechts und links
ÖKOKISTE: Seite 199
RAPUNZEL AG: Seite 14
SALIM PUSHPANATH: Seite 22
ANGELIKA SALOMON: Seite 114, 116 links, 119 rechts und links, 128, 130 rechts und links, 132, 134 rechts, 136 rechts und links, 150
SCHNEIDER WEISSE: Seite 26 rechts und links
UMWELTPAKT BAYERN: Seite 21 links
UNSER LAND: Seite 10, 13 und 18 rechts